REIHE: NEUE PHILOSOPHIE
BAND 10: MARIAN BAUKROWITZ – SELBSTLÜGE

edition fatal

Marian Baukrowitz

Selbstlüge

edition fatal

»edition fatal« Verlagsgesellschaft bR, Potsdam
Gesellschafter: Mario R. M. Beilhack, Anil K. Jain
www.edition-fatal.de, kontakt@edition-fatal.de

Reihe: Neue Philosophie, Band 10
Herausgeber: Mario R. M. Beilhack

Marian Baukrowitz: Selbstlüge

Originalausgabe, Potsdam 2023

Titelbild: KI-generiert

Bibliografische Information der Deutschen Nationalbibliothek:

Die Deutsche Nationalbibliothek verzeichnet diese Publikation in der Deutschen Nationalbibliografie. Detaillierte bibliografische Daten sind im Internet über die Seite http://dnb.d-nb.de abrufbar.

ISBN 978-3-935147-50-7

Herstellung: Books on Demand GmbH

INHALTSVERZEICHNIS

INHALTSVERZEICHNIS

Vorwort

VORWORT

Die Gedanken aus dem vorliegenden Buch zur Selbstlüge haben mindestens zwei Quellen. Die erste ist eher theoretischer Natur: Inwiefern kann die Selbstlüge überhaupt logisch möglich sein? Die übliche Lüge setzt voraus, dass der Lügende die Wahrheit kennt oder zu kennen meint und den Belogenen darüber täuscht. Diese Struktur – der Wissende belügt den Unwissenden – bricht aber in sich zusammen, wenn Lügender und Belogener *ein und derselbe* sind. Wie kann es rein theoretisch das Phänomen der Selbstlüge geben?

Die zweite Quelle ist die existenzielle Erfahrung der Selbstlüge und Konfrontation mit der Selbstlüge. Zum einen verweist die theoretische Frage relativ schnell auf die existenzielle Dimension: Wenn die Selbstlüge nämlich logisch in der Tat inkohärent ist, stellt sich die Frage, wie ein Mensch in der Welt ist, der dieses Projekt, welches die Regeln der Logik übersteigen will, anvisiert. Zum anderen betrifft einen die Selbstlüge eben nicht bloß als logisches Rätsel. Man kann in der rätselhaften Präsenz einer Person stehen, die sich selbst belügt, und man kann die eigene Versuchung der Selbstlüge vernehmen. Diese Versuchung scheint alles andere als harmlos. Wenn es wahr ist, dass in jeder sprachlichen Äußerung eine implizite performative Dimension vorhanden ist, ein implizites *Versprechen, die Wahrheit oder wenigstens das, was man für die Wahrheit hält, zu sagen*, dann ist die Selbstlüge ein Angriff auf das sprachliche Band überhaupt. Das Rätsel der Selbstlüge zeigt sich dann als Rätsel der Violation des sprachlichen Bandes. Wie kann so etwas existenziell möglich sein, sich in dieser Weise gegen das Versprechen zu richten, das einen als sprechendes Wesen ermöglicht?

Die Untersuchung kommt zu einigen vorläufigen Ergebnissen. Die Selbstlüge scheint logisch tatsächlich unmöglich zu sein und stets nur hoffnungsvoll anvisiert zu werden – die Hoffnung auf das Zerspringen der Logik wird dabei aber als so groß erlebt, dass es möglich ist, bis zu einem gewissen Grad zu leben, als wäre die Lüge wahr, da die Transformation der Welt als kurz bevorstehend erhofft wird. Die Energie zur Selbstlüge scheint eine moralische Energie. Der moralische Impuls, nicht bei der Wirklichkeit, wie sie gerade ist, stehenzubleiben, sondern sie zu verbessern, sie zum Gedeihen zu bringen, einem übergeordneten Imperativ zur Verbesserung folgend, wird in der Selbstlüge aufgegriffen und in sich verkehrt.

Berlin, 5. Dezember 2022

1. Wie nach der Selbstlüge fragen?

1. Wie nach der Selbstlüge fragen?

§1 Das Philosophieren ist – nach einem verbreiteten Verständnis – der Versuch, den Mangel des Nichtwissens zu überwinden. Die Phänomene, die uns begegnen, sind unerklärt und dem Philosophierenden scheint es dringend geboten, sie durch eine Erklärung zu vervollständigen. Die Untersuchung wird hier angestoßen durch die Erfahrung der Leere: Wo Wissen benötigt wird, da ist keines.

§2 Das Nichtwissen im Sinne des Nochnichtwissens findet sich im Gebiet der theoretischen Erkenntnis. Es ist aber auch ein Nichtwissen als Folge des Nichtmehrwissenwollens möglich. Die Selbstlüge, die ein ursprüngliches Wissen auflösen soll, wird nicht durch die Leere motiviert, sondern durch eine Fülle des Wissens, die als unerträgliche Überfülle erlebt wird.

§3 Die Selbstlüge ist für das theoretische Denken schwer zu greifen. Das Belügen des Anderen ist fassbar: Der Lügende, der glaubt, die Wahrheit selbst zu kennen, belügt den Anderen, um diesem das Wahre zu entziehen. Die Selbstlüge kann nach diesem Muster nicht gedacht werden. Wenn der Lügende und der Belogene identisch sind, dann müsste der Belogene immer schon um die Wahrheit wissen und die Lüge würde sogleich scheitern.

§4 Die Zerklüftung der Person in verschiedene Teile liegt nun nahe. Die gängige Struktur der Lüge ist gerettet, wenn ein Personenanteil den anderen belügt. Das logische Paradoxon des Selbstwiderspruchs – das Paradoxon des gleichzeitigen Wissens und Nichtwissens – ist gebannt. Jedoch wird die Selbstlüge im strengen Sinne, in der Belügender und Belogener wahrlich einer sind, so als irreführender Schein abgetan.

2. Das Paradoxon der Selbstlüge ernst nehmen

2. Das Paradoxon der Selbstlüge ernst nehmen: Welchen Blick erfordert die Selbstlüge?

§5 Wenn das Phänomen der Selbstlüge untergeht, sobald das logische Paradoxon aufgelöst wird, dann muss das philosophische Ziel vielleicht ein anderes sein. Nicht eine philosophische Säuberung vom logischen Widerspruch ist geboten, sondern eine Integration: Wie ist und blickt der Mensch, der die Selbstlüge und damit das Antilogische begehrt und, wenn er sich belogen hat, wahrlich das Unlogische vernimmt und anerkennt?

§6 In der theoretischen Haltung ist das Unlogische das Undenkbare, Unvernehmbare. Das Unlogische – das in sich Widersprüchliche wie das »kreisförmige Dreieck« – kann wortsprachlich genannt werden. Gedacht werden kann es nicht. Es tritt als Grenze auf, die denkend nicht überschritten werden kann. Aufgrund von Verwirrung, Nebel und Undeutlichkeit können logische Zusammenhänge der Aufmerksamkeit entgehen – als positiver Bestand kann das Unlogische nicht vernommen werden.

§7 Wenn das Phänomen der echten Selbstlüge aus der theoretischen Perspektive unmöglich scheint, könnte es aus einer anderen Perspektive erschließbar sein. Die Aktion des Lügens ist ethisch bedeutsam. Es könnte die Sphäre des Ethischen sein, aus der heraus die Selbstlüge verstehbar ist. Das Besondere an der ethischen Sphäre ist, dass in ihr Werte behauptet werden, die alle anderen Werte unendlich an Wert übersteigen.

§8 Sei es das bloße eigene Überleben, das Wohlergehen des Staates, die Orientierung am Kategorischen Imperativ oder die Achtung von Gott – wenn ein Mensch darin ein Gut sieht, das er als unendlich viel wichtiger als alle möglichen anderen Güter behauptet, dann ist sein Handeln ethisch strukturiert. Das Bilden und Anwenden von Theorien muss nicht von solchen Werten getragen sein. So unterscheiden sich ethische und theoretische Sphären.

§9 In einer ethischen Haltung, in der das Lügen verboten ist, muss das Lügen in entscheidenden Fällen als Verletzung eines unendlichen Wertes gesehen werden. Der Lügende verhindert, dass der, über den er lügt, sichtbar ist, wie er ist. Er verhindert das Auftauchen des Anderen in seinem Sein. Treffend wird daher auch von »Rufmord« oder »character assassination« geredet. Laut dieser Haltung verletzt die Lüge unendlich wichtiges Lebendigsein des Anderen.

§10 Der Versuch, ein ethisches Verbot der Lüge als nützliche Anpassung an die Umweltbedingungen, als effiziente »Spielregel« zu erklären, verneint die ethische Haltung, indem sie diese auf etwas Nicht-Ethisches zurückführt. Daher trägt er nicht zur inneren Klärung des Bereichs des Ethischen bei, sondern begnügt sich damit, die Struktur des Ethischen als nachrangigen Traum abzutun.

3. Das Unlogische und das Unendliche

3. Das Unlogische und das Unendliche, welches Paradoxien integrieren kann, als Ideen, an denen sich ein Mensch orientieren kann

§11 Die Unendlichkeit eines anerkannten Wertes umgestaltet alle gewöhnlichen Werte. Die persische Dichtung drückt dieses häufig aus: so durchsiebt Madschnun den Staub, um Laila zu suchen (vgl. Attar: *Die Konferenz der Vögel;* Das erste Tal des Suchens, S. 139). Er sucht sie an Stellen, die normalerweise hoffnungslos wären, da er sie überall sucht. Der unendliche Wert verwandelt die gängigen Kategorien und Werturteile. Eingeschlossen von diesem Wert ändern sich die Formen der Dinge der Welt.

§12 Eingefasst vom unendlichen Wert hat auch der Staub unendliches Potenzial. Normalerweise ist es klar, dass Laila im Staub nicht sein kann. Im Licht des unendlichen Wertes wird der Staub unendlich hoffnungsvoll. Nähert man sich so dem Vernehmen des Unlogischen? Wird der Staub gleichzeitig als regulär hoffnungsloser und als unendlich hoffnungsvoller Kandidat vernommen? Funktioniert die Selbstlüge ähnlich?

§13 Die Figur der persischen Dichtung nähert sich nur dem Unlogischen. Es wird noch zwischen alltäglicher und unendlicher Bedeutung unterschieden. So weist Attar auf den Herren, der sich in den Getränkeverkäufer verliebt und diesem Hundert Welten opfert (vgl. *Die Konferenz der Vögel;* Das zweite Tal der Liebe, S. 142f.). Er weist auf den Araber in Persien, der seine Seele opfern muss und nackt sein muss, damit sich die Tür auftut (vgl. ebd., S. 145f.). Wegen der Unterordnung der alltäglichen Perspektive ist es kein echter Widerspruch.

§14 Der, der sich selbst belügt, weiß die Wahrheit über sich und weiß sie gleichzeitig nicht. Wenn er – nach der Aktion der Lüge – die Wahrheit nur in gewisser Weise nicht weiß, dann hat er sich nicht echt selbst belogen, denn in gewisser Weise kennt er die Wahrheit dann noch. Wenn er sich durch die Lüge aufspaltet in zwei Wesen, dann belügt er sich nicht selbst, sondern er spaltet einen Teil ab, der er nun nicht mehr ist.

§15 Das Lügen ist eine gezielte Aktion in der Zeit. Klärt sich die Selbstlüge, wenn man neben der Sphäre des Ethischen die Dimension der Zeit betrachtet? Die Lüge als Versuch das Leben des Anderen zu ersticken hat sich als besondere Variante des Mordes gezeigt. Im Mord geschieht aber ein zeitlicher Umschlag des Seins. Im Mord wird die Wirklichkeit transformiert, da das angegriffene Wesen darin genau zwischen Lebendigsein und Totsein ist.

§16 Der zeitliche Umschlag entgeht der Logik. Zwei gezählte Zeitpunkte müssen jeweils logisch kohärent beschrieben sein und der Übergang zwischen ihnen muss kausal folgerichtig sein. Ein genuines *Zwischen*, in dem nicht ein Zeitpunkt gegenwärtig ist, sondern das Sosein *umschlägt* ins Anderssein, gibt es nicht.

§17 Die Selbstlüge ist auf diesen Umschlag, welcher der Logik entgeht, ausgerichtet. Die Selbstlüge ist ein Mord, in dem das gegenwärtige Selbst, welches die Wahrheit kennt, abgetötet werden soll. Die Möglichkeit des zeitlichen Umschlags vom Sosein zum Anderssein nimmt den Lügner in Bann. Er sucht sich zwischen den Momenten bewusst zu belügen, um sich als Person, welche die Wahrheit kennt, zu töten und als Neuer aufzuerstehen.

§18 Nicht das Geteiltsein des Selbst stößt die Selbstlüge an, sondern die Hoffnung, dass im zeitlichen Umschlag das alte Selbst erfolgreich getötet wird und ein neues Selbst entsteht, welches vor der Wahrheit sicher ist. Als neues ist es nicht identisch mit dem Lügenden und weiß von einer Lüge nichts. Bis zum erwarteten Erfolg der Selbstlüge – der vielleicht nicht eintritt – hofft der Lügende auf eine Verwandlung.

§19 Das Vernehmen des Unlogischen in der Selbstlüge wird durch den zeitlichen Umschlag ermöglicht, in dem das Umschlagende noch eines ist, aber sich schon ins andere wandelt, ohne aktuell in einem feststellbaren Zwischenzustand zu sein. Aus dem Umschlagen einer Form in eine andere erklärt auch Nicolai de Cusa die Koinzidenz gegensätzlicher Formen in der Unendlichkeit. Das Kontradiktorische als das Unlogische wird nicht unmittelbar vernommen, sondern in der Transformation der Formen:

> »Ich stelle also die Behauptung auf: Gäbe es eine unendliche Linie, so wäre sie Gerade, Dreieck, Kreis und Kugel. Ferner: Gäbe es eine unendliche Kugel, so wäre sie Kreis, Dreieck und Linie. Ebenso müßte die gleiche Aussage vom unendlichen Dreieck und dem unendlichen Kreis gemacht werden. Der erste Satz, daß nämlich die unendliche Linie eine Gerade ist, ist in sich einleuchtend. Der

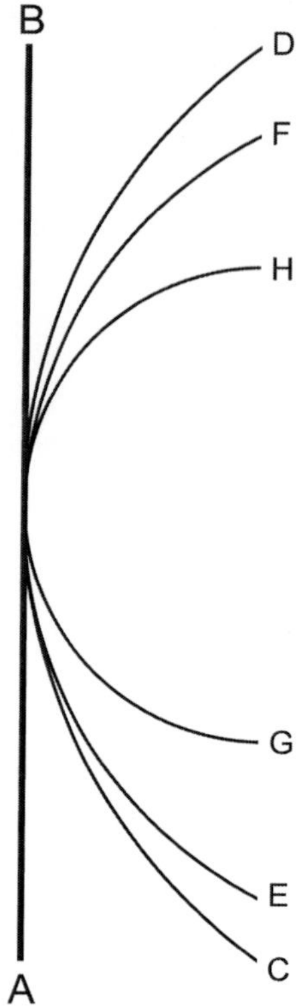

Abbildung 1

Kreisdurchmesser ist eine Gerade, der Umfang ist eine Gekrümmte, die länger ist als der Durchmesser. Wenn nun die Krümmung der gekrümmten Linie um so geringer wird, je größer der Kreis wird, dessen Umfang sie ist, dann ist der Umfang des größtmöglichen Kreises am wenigsten gekrümmt, also vollständig gerade. Das Kleinste koinzidiert also mit dem Größten, so daß es geradezu augenscheinlich notwendig erscheint, daß die größte Linie im höchsten Maße gerade und im geringsten Maße gekrümmt ist. Hierüber kann nicht der geringste Zweifel bestehen bleiben, wenn man an nebenstehender Figur ersieht, wie der Bogen *CD* des größeren Kreises stärker in der Krümmung zurückgeht als der Bogen *EF* des kleineren Kreises, und dieser stärker in der Krümmung zurückgeht als der Bogen *GH* des noch kleineren Kreises. Die Gerade *AB* ist deshalb der Bogen des größtmöglichen Kreises. Auf diese Weise wird sichtbar, daß die größte und unendliche Linie notwendig völlig gerade ist und keinen Gegensatz zur Gekrümmtheit enthält. Vielmehr ist die Gekrümmtheit in der größten Linie eben Geradeheit. Das ist der erste Beweis.« (Nicolai de Cusa: *De docta ignorantia I;* Capitulum XIII, S. 47–49).

§20 Die Selbstlüge als ethisch strukturierte Aktion, die auf einen Wert zielt, der alle anderen Werte unendlich übersteigt, nämlich das Gedeihen des Lügenden, welches nicht durch das Wahre gehemmt werden darf, zielt auf Unendliches. Der Tanz der ineinander umschlagenden Formen im Unendlichen nährt die Hoffnung des Lügenden, dass er selbst eine gewünschte Form annehmen und danach das tanzende Umschlagen stilllegen kann.

§21 Die Selbstlüge ist logisch inkohärent. Wenn sie aber versucht wird, dann muss der Lügende, welcher die Lüge gezielt unternimmt, einen unlogischen – gewissermaßen »verrückten« bzw. »wundervollen« – Blick haben. In der theoretischen Perspektive ist das Unlogische das Undenkbare und somit

Unvernehmbare. Wenn der Selbstlügende das Unlogische doch positiv in den Blick nimmt, muss er recht anders blicken.

§22 Das Vermittelnde, welches die logischen Strukturen wunderhaft und nachvollziehbar überwindet, ist die Idee der Unendlichkeit. Wenn die Idee des Unendlichen auf eine definierte Sache angewendet wird, dann kann diese in eine andere Sache umschlagen. Nicolai de Cusa will zeigen: »Gäbe es eine unendliche Linie, so wäre sie Gerade, Dreieck, Kreis und Kugel.« *(De docta ignorantia I;* Capitulum XIII, S. 47).

§23 Entscheidend ist nicht, ob der Gedankengang von Nicolai de Cusa philosophisch unanfechtbar ist. Wichtig ist, dass – während das im normalen Sinne Unlogische schlicht undenkbar und somit nicht nachvollziehbar ist – die kusanische Operation mit der Unendlichkeit nachvollziehbar ist. Man kann seine Herleitung lesen und spontan äußern »Ah, so also meint er es!«. Durch den Umgang mit der Idee des Unendlichen wird etwas Unlogisches – ein Dreieck, das ein Kreis ist – annäherungsweise wundersam positiv vernehmbar.

§24 Macht jener, der sich selbst belügt, eine ähnliche Operation? Nimmt er sich selbst, die Wahrheit wohl kennend, in den Blick und kann sich, durch den vermittelnden Bezug auf die Unendlichkeit, als eine Person vorstellen, die sich, obwohl es logisch unmöglich ist, nun selbst belügen und dadurch in Folge anders werden kann?

§25 Vielleicht trifft die Möglichkeit, die sich hier abzeichnet, dass der verrückte bzw. wundersame Blick das Unlogische unter Zuhilfenahme der Idee des Unendlichen vernimmt, das Phänomen der Selbstlüge, vielleicht nicht. Sie erweist aber, dass es prinzipiell eine Möglichkeit gibt, die Dichotomie der theoretischen Perspektive, die nur das Denkbare und das Undenkbare kennt, nachvollziehbar zu überschreiten.

§26 Sind die unmöglichen Objekte wie das Penrose-Dreieck, die man unmittelbar anschauen kann, ein Beispiel für das Vernehmen des Unlogischen? Man kann das Unmögliche des Objektes sofort weg-erklären, indem man darauf verweist, dass jeder Teil des Objektes für sich genommen möglich ist und nur die Gesamtheit unmöglich ist. Nun ist es aber so, dass das Objekt als Ganzes gegeben ist und es unlogisch vor einem liegt.

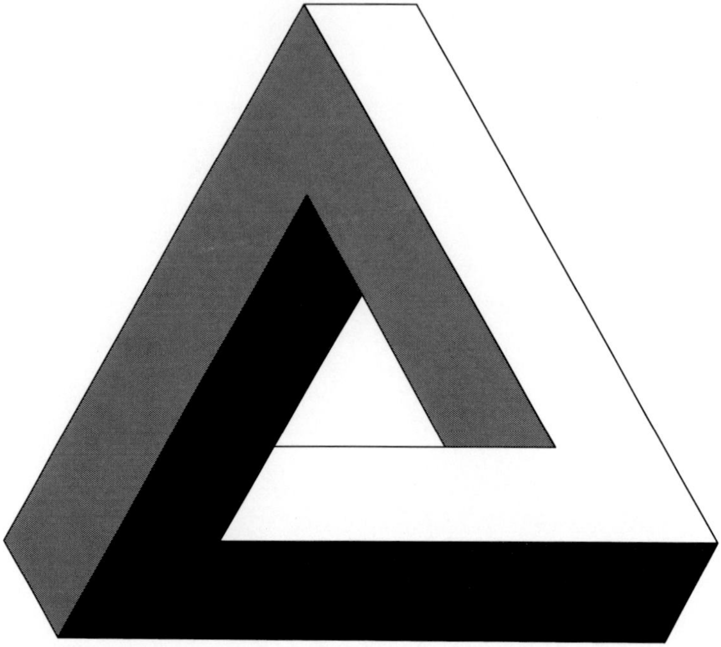

Abbildung 2: Penrose-Dreieck

§27 Das Unlogische des Masochismus – lustvolles Begehren des Schmerzes als Schmerz – kann leicht weg-erklärt werden. Der Masochist erlebt eine Welt, in der er die Wahl hat, keine Beziehungen zu haben oder schmerzvolle Beziehungen zu haben. Da ein Leben ohne Beziehungen aber keines ist, optiert er als zweitbeste Wahl dafür, den Schmerz mit Lust aufzuladen, um ihn erträglicher zu machen. Dennoch ist der Blick des Masochisten, scheint es, *ein* Blick – und in diesem sind Schmerz und Lust unlogischerweise *eines*.

4. Das Begehren des Nichtlogischen

4. DAS BEGEHREN DES NICHTLOGISCHEN

§28 Für Platon und jene, die ihm folgten, ist es leicht, die Irrationalität der Übeltäter, die ihre Seele zerstören, zu erklären. Menschen streben prinzipiell das Gute an. Wenn ein Tyrann aktiv Schlechtes anstrebt, dann weil er dieses Angestrebte irrtümlich für Gutes hält (vgl. Platon: *Gorgias;* 466a–468e oder *Menon;* 77a–78c oder *Der Staat;* 505e oder *Protagoras;* 358b–d). Die Erklärung geht logisch auf. Aber Augustinus verweist darauf, dass er selbst einen Diebstahl begangen hat, weil er genau wusste, dass der Diebstahl falsch und schlecht ist (vgl. *Bekenntnisse*; Buch II, iv, 9 [S. 69–70]).

§29 Das Unlogische wollen – es positiv als Unlogisches wollen – kann im Rahmen der Tradition, die den Rationalismus von Platon, der bei Aristoteles auf die Spitze getrieben wird, aufgenommen hat, nicht gefasst werden. Das Unlogische wird nur aus Versehen gewollt. Auch das Böse kann nicht positiv gewollt werden. Mehr noch: Das Böse hat sogar kein Sein. Es ist lediglich Privation – Mangel an Sein, Mangel an Vollendung, so wie die Blindheit des Auges kein Sein hat, sondern ein Mangel am Auge ist (vgl. Thomas Aquinas: *Summa Theologica;* Prima Pars, Quaestio V, De bono in communi, S. 92–113). In diesem Rahmen kann es auch die echte Selbstlüge nicht geben.

§30 Wenn diese Tradition die Wirklichkeit an erste Stelle setzt und ethische oder moralische Forderungen aus der tiefsten, höchsten Wirklichkeit ableitet, und diese Tradition die Selbstlüge nicht fassen kann, dann kann man sich fragen, ob die Selbstlüge nicht verständlich wird, wenn das Ethische an die erste Stelle gesetzt wird.

§31 Ein Vorrang der Ethik kündigt sich auch noch von anderer Seite an. Stellt nicht die Ethik die Wirklichkeit in Frage und steht so über ihr? Der Gewaltherrscher, der ein Imperium kontrolliert und viele unterworfen hat, mag behaupten, dass sein Erfolg ihm recht gibt. Aber ist es nicht doch so, dass »die Stimme des Geblüts [seiner Brüder] schreit […] aus dem Acker«? (Gen 4,10). Überlebt der ethische Einwand nicht jede Macht?

§32 Zeigt sich vielleicht in den Fällen, in denen ein Sprung in eine ethische Praxis eine Wirklichkeit ermöglicht, etwas durchgängig Gültiges? Erst die ethische Haltung einander nicht zu belügen, auch wenn man sich schämt, ermöglicht die wirkliche Präsenz des Anderen in seiner Wirklichkeit. Erst der Kredit, der auf dem Vertrauen beruht, dass der Schuldner seine Schulden in Zukunft abzahlen wird, ermöglicht eine komplexe Wirtschaft. Ist dieses Vertrauen ethischer Art oder ist es bloß Vertrauen in das eigene Risiko-Kalkül?

§33 Wenn der Rationalist, der im Vernunftgebrauch die höchste Weise des menschlichen Seins sieht, der ignoranten Person vorwirft, dass sie ihre Vernunft nicht gebraucht, von ihr enttäuscht und wütend ist, mahnt er sie dann nicht ethisch? Ist dann möglicherweise der ethische Imperativ die Vernunft zu gebrauchen noch ursprünglicher als diese selbst?

§34 Also wird der Vorrang des Ethischen nahegelegt durch Abhängigkeiten verschiedener Art. Erstens: Das Wirkliche unterliegt dem prüfenden Blick der Ethik. Der Wirkliche kann die ethische Herausforderung ignorieren, aber sie nicht zum Verstummen bringen. Zweitens: Ohne Sprung in die ethische Praxis entfalten sich zentrale Aspekte der Wirklichkeit nicht. Drittens: Der Vernünftige verteidigt seine Lebenspraxis gegen die Ignoranten nicht nur mit Vernunftgründen, sondern weist diesen ethisch zurecht, wenn der Vernunftgründe gar nicht hören will. Das Hören der Vernunft hängt von der vorrangigen ethischen Entscheidung für die Vernunft ab.

§35 Nicht angemessen ist es, die traditionelle These des Vorrangs der Wirklichkeit vor der Ethik auf den Kopf zu stellen und nun einen kategorischen Vorrang des Ethischen zu behaupten. Vielleicht sind das Ethische und das Wirkliche so ineinander verschlungen, dass mal das eine, mal das andere Vorrang hat. Wenn aber das Ethische stellenweise genuin zuerst ist, dann ergibt sich die Hoffnung, dass einige Konzepte aus der Ethik heraus verständlich werden, die der theoretischen Wirklichkeitsauffassung entweichen.

5. Die Aufdringlichkeit der ethischen Forderung

5. Die Aufdringlichkeit der ethischen Forderung

§36 Wie zeigt sich das Ethische? Überhaupt finden wir uns in Abhängigkeit vor. Unser Denkenkönnen, unser Geist, unser Bewegenkönnen, unser Körper, unser Sprechenkönnen haben wir nicht selbst erschaffen. Wir finden uns geistig, körperlich, sprechend vor. Geist, Körper und Sprache sind wie in uns eingestanzt, wer immer wir sein mögen. Platons Behauptung, dass die Seele ein absoluter unerschaffener eigens quellender Ursprung ist (vgl. *Phaidros*; 245c–e), ist nicht leicht ersichtlich in der raumzeitlichen Welt, in der Geist, Körper und Sprache wie fremder Einfluss in uns – weil nicht von uns selbst erschaffen – sind.

§37 Wie unerwartete Gäste, die uns zuhause und unterwegs aufsuchen, tragen Geist, Körper und Sprache Suggestionen, Mahnungen und Forderungen heran. Als endliche oder unendliche können Forderungen auftreten. Wenn eine Forderung als unendlich wichtig auftritt – als jede Berechenbarkeit und Verhandelbarkeit sprengend – dann ist sie eine ethische Forderung.

§38 Ob das Fordernde nun leicht als Äußerliches anerkannt wird wie ein anderer Mensch oder weniger schnell – wie eigener Geist, Körper und Sprache – ist in gewisser Hinsicht nicht entscheidend. Der andere Mensch ist fremd, aber auch der eigene Geist und Körper sind in dieser Hinsicht fremd. Wie im Traum die Szenen wechseln und durch den Träumenden nicht kontrollierbar sind, so ändern sich Geist, Körper und Sprache eigendynamisch.

§39 Der andere Mensch ist also äußerlich. Ebenso ist das eigene Selbst – verstanden als Vereinigung von Geist, Körper und Sprache – etwas Äußerliches. Beide tragen Forderungen heran. Wenn *Du* eine der Forderungen als unendlich wichtig anerkennst, nimmst du sie als ethische Forderung auf. Unter der Unendlichkeit der unendlichen Forderung schmelzen alle anderen Forderungen.

§40 Wer bist *Du?* Jedenfalls begegnen dir Forderungen und damit Folgen. Einen Ort des Rückzugs gibt es nicht. Du bist nicht der andere Mensch und du bist nicht – wenn Geist, Körper und Sprache das Selbst bilden – dein Selbst. Wenn dieses Bild des Ethischen stimmt, dann bist Du vielleicht jemand, der sich zwischen potenziell unendlichen Forderungen orientieren muss.

§41 Ist dieses ein erhellendes Ergebnis? Ist nicht die ganze Untersuchung schon dadurch auf einem falschen Wege, da der Begriff des *Unendlichen* zu ernst genommen wird? Wenn man mit Nicolai de Cusa mit dem aktualen (nicht nur potenziellen) *mathematischen* Unendlichen umgeht, dann ergeben sich »paradoxe« Ergebnisse wie die Einheit von Kreis, Linie und Dreieck im realisierten Unendlichen, die im normalen Sinne widersprüchlich sind. Dieses ist schon mangelhaft. Daran aber noch eine Diskussion der *ethischen* Unendlichkeit, deren Zusammenhang mit der mathematischen Idee der Unendlichkeit durch nichts verbürgt ist, zu verknüpfen, scheint hoffnungslos verloren.

§42 Der Begriff des aktualen Unendlichen mag die reguläre Logik sprengen. Logische Konstanten wie »wenn…, dann…«, »und«, »oder«, »nicht« sind primitiv und können einer Person, die sie nicht bereits versteht, nicht erklärt werden. Wenn nun der Begriff des Unendlichen ein ebenso primitiver Begriff ist, der irreduzibel verstanden wird, obwohl er das Logische sprengt?

§43 Die Frage, ob es ein aktuales Unendliches geben kann, kann bei der Untersuchung umgangen werden. Es geht darum zu klären, was bei einer Selbstlüge geschieht. Die Perspektive des Lügenden steht im Vordergrund. Wenn die Idee des aktualen Unendlichen jedoch *vernommen* werden kann, dann kann die Idee eine vitale Rolle dabei spielen, die Selbstlüge überhaupt zu ermöglichen: Der, der sich selbst belügt, kann dieses tun, weil im Rahmen des Unendlichen logische Widersprüche glaubwürdig werden. Diese Antwort ist allerdings noch so grobschlächtig, dass sie zu keinem guten Verständnis der Selbstlüge führt.

6. Die Möglichkeit des Leugnens …

6. DIE MÖGLICHKEIT DES LEUGNENS, VERBERGENS, MISSACHTENS

§44 Der koranische Begriff für den Ungläubigen lautet Leugner (kāfir). Wie fasst der Koran dieses Leugnen? Der Leugnende will nicht die Anderen, sondern sich selbst täuschen. »Und die Trunkenheit des Todes wird sicherlich kommen: ›Das ist's dem du zu entrinnen suchtest.‹« (Koran 50:20). Der Leugner kennt das Wahre, denn er *sucht* ihm zu entrinnen. Dieses ist nur möglich, wenn er es versteht. Es ist im *Grenzbereich* noch da, aber es gibt die Hoffnung es ganz aus dem wahrgenommenen Sein zu verbannen. »Du warst [...] achtlos; nun haben Wir deinen Schleier von dir genommen, und scharf ist dein Blick heute.« (Koran 50:23). Das Gericht besteht darin, dass der Schleier der Selbsttäuschung genommen wird. Ermöglicht wurde die Selbsttäuschung hier durch *Achtlosigkeit.* Aber nun wird das Nachvollziehen der koranischen Perspektive schwieriger. Es ist, wie es scheint, eine Achtlosigkeit, die *aktiv, bewusst, suchend* eingegangen wird. Aber wie ist es dann eine Achtlosigkeit? Kann man sich *achtsam* dazu entscheiden *achtlos* zu sein? Man kann wach ein Betäubungsmittel schlucken, und so aus dem Wachzustand den Schlaf initiieren. Aber es ist nicht klar, dass man in dieser Weise wissend ein Wissen negieren kann. Denn hier muss die Negierung *aktiv* vorgenommen werden (sonst ist es kein Leugnen, sondern schieres, logisch unproblematisches Vergessen), während das Schlafmittel, einmal geschluckt, von selbst unter Zuhilfenahme automatischer körperlicher Abläufe passiert. Der Koran bestätigt somit, wie es scheint, die Paradoxien der Selbstlüge der Debatte der analytischen Philosophie. Die Selbstlüge scheint eine logisch unfassbare Struktur zu haben. Sie scheint aber auch zu passieren.

§45 Im Tanach wird die Hoffnung des Ungläubigen, etwas verbergen zu können, anders gewendet. »Hochnäsig denkt der Frevler: Er ahndet nicht, es ist kein Gott!« (Ps 10,4) Hiermit ist kein souveräner Atheismus gemeint. Das Nichtsein Gottes meint hier die Hoffnung, dass Gott sich nicht für den Menschen interessiert. »[Der Frevler] spricht in seinem Herzen: Gott vergisst, verbirgt sein Antlitz, sieht es nicht!« (Ps 10,11) Der Frevler ist nicht einfach unwissend. Er weiß – so die im Psalm ausgedrückte Perspektive – um die Allmacht Gottes und darum, dass Gott als Gott sich um die Taten der Menschen bekümmern müsste. Dennoch glaubt er, dass Gott keinen Anteil nimmt und daher gar nicht sieht, welche Frevel begangen werden. Der Frevler glaubt gewissermaßen, dass Gott aufgehört hat, Gott zu sein. Gott hat sich von den Menschen abgewendet und ist nun etwas anderes – jedenfalls kein

Gott mehr, denn Gott ist bezogen auf jene, deren Gott er ist. Das Lügen des Frevlers wird also dadurch unterstützt, dass der Frevler denkt, er wird nicht gesehen, da Gott zu gleichgültig ist, um zu blicken. Die paradoxe Struktur, die sich auch in der Selbstlüge findet, zeigt sich auch hier: Wenn der Frevler um Gott *als Gott* weiß, dann ist es logisch unmöglich, dass er Gott für desinteressiert hält. Dennoch, so die Perspektive im Tanach, tut er es.

§46 Der Frevler fühlt sich demnach frei zu freveln, da er glaubt, dass Gott ihn nicht ansieht. Mögliche Abwandlung: Jener, der sich selbst belügt, glaubt, dass es eine objektive Wahrheit, einen objektiven Standard, einen verbindlichen Maßstab gibt, aber dass dieser nicht beachtet wird. Als nicht beachteter Maßstab verliert er seine Rolle als Maßstab, so wie ein Zollstock in einer Gemeinschaft, die keine Zollstöcke benutzt, kein Zollstock mehr ist. Die Selbstlüge wird dann durch diesen Glauben möglich. Aber das Unlogische bleibt: Wie kann an den Maßstab geglaubt und nicht an ihn geglaubt werden? Wenn der Maßstab gelassen missachtet wird, dann ist es keine Selbstlüge, sondern schlichte Leichtfertigkeit.

§47 Wenn der potenzielle Zollstock nie als Zollstock benutzt wird, dann ist er keiner. Wenn Gott sich von seiner Schöpfung abkehrt, dann ist er nicht mehr der Gott dieser Schöpfung. Er *war* es nur. Wenn objektive Wahrheit nicht mehr als objektive Wahrheit behandelt wird, dann ist sie keine mehr. (An der objektiven Wahrheit *stößt* man sich. Man kann an ihr nicht vorbei. Wenn man nun doch an ihr vorbeigehen kann, dann ist es also keine.) Wenn also meine Lüge nicht mehr als Lüge behandelt wird, dann verändert sich die Struktur des Lebens und es ist dann auch keine Lüge mehr. Schließt so jener, der sich selbst belügt?

7. Überwältigung der Wahrheit

7. Die Idee, durch Überwältigung der Wahrheit eine neue Wahrheit zu kreieren

§48 Ein Richter, der abgesetzt wird, ist kein Richter mehr. Ohne sein richterliches Eingreifen in die ihn umgebende Welt, fungiert er nicht als Richter. Jene, die ihn an- oder aberkennen haben die Macht ihn zum Richter zu machen. Wenn die Wahrheit nicht anerkannt wird, dann fungiert sie nicht mehr als Wahrheit. Eine aberkannte Wahrheit wirkt nicht mehr als Wahrheit und ist so nicht mehr wirklich. Eine Lüge, die nicht mehr als Lüge behandelt wird, wirkt nicht mehr wie eine Lüge und ist damit keine wirkliche Lüge. Schließt auf diese Weise der, der sich selbst belügt?

§49 Der so Lügende konzentriert sich auf die Wirkung: Das Wahre ist das, was das Unwahre überwältigt. Wenn der Lügende die normale Wahrheit überwältigt, dann schafft er, so denkt er, durch sein Überwältigen neue, extra-normale Wahrheiten. Wenn der Lügende es schafft, dass die Gemeinschaft der Sprechenden eine Lüge als Wahrheit anerkennt, dann *wird* sie eine – denn, so wie ein Notenblatt nur ein Notenblatt *ist*, wenn es als eines verwendet wird, so ist ein Verkehrszeichen nur eines, wenn die Verkehrsteilnehmer es als Verkehrszeichen nutzen. Und eine Wahrheit ist – so denkt der Lügende – nur dann wahr, wenn sie als Wahrheit behandelt wird und eine Lüge nur unwahr, wenn sie als unwahr behandelt wird. Aber gelingt die Überwältigung jemals? Hört der Biss der normalen Wahrheit jemals auf und wird von der außer-normalen Wahrheit überdeckt?

§50 Wenn der so Lügende ernstlich extra-normale Wahrheiten meint, dann funktioniert sein Denken über ein Stufen- oder Schichtenmodell. Eine Pflanze wird von einem Pflanzenfresser verschlungen, der wiederum von einem Fleischfresser verschlungen wird. So ähnlich, meint der so Lügende, entsteht durch Überwältigung einer normalen Wahrheit eine extra-normale Wahrheit und aus der Überwältigung dieser wiederum eine extra-extra-normale Wahrheit. Die extra-normale Wahrheit ist eine mit der man auch vor den Anderen durchkommt. Eine extra-normale Wahrheit kann keine private Wahrheit sein, da sie dann nicht wirkmächtig wäre.

§51 Wenn dieses Bild der Wahrheit treffend wäre, dann würde bei jenem, der neue ungewöhnliche Wahrheiten ins Sein bringt, nach seinem Erfolg keine Lüge mehr vorliegen. Heldenhaft würde er höhere Stufen der Wirklichkeit schaffen. Die ursprüngliche Lüge verwandelt sich in eine Wahrheit. Wenn er nun aber doch *lügt*, dann würde es wohl bedeuten: Er versucht die normale Wahrheit zu verdauen und daraus eine außer-normale zu machen, aber er schafft es nicht. Die normale Wahrheit ist zäh und widerspenstig. Solange er nicht den Magen hat, um sie zu verdauen – und wie sollte dieser aussehen? – muss er die Wahrheit durch das Lügen zudecken.

§52 Jener, der Wahrheit als Stufenmodell sieht und eine extra-normale Wahrheit schöpfen will, versteht sich zunächst nicht als Lügner. Er will sich verwandeln und ein anderes Wesen werden. Er weiß, dass er es *noch* nicht ist. Nun versucht er im Sprung das andere Wesen zu werden, welches in einer anderen Welt mit anderen Wahrheiten landet, und der Sprung scheitert. Die Begierde ist nun vielleicht so groß, dass die schmerzhafte Wirklichkeit verleugnet werden soll. Aber wie kommt jener darauf, dass die Wirklichkeit überhaupt verleugnet werden *kann*? Woher zieht er seine Hoffnung? Muss nicht die Kraft, die der Lügende im Kampf gegen das Wirkliche aufbringt, eine authentische Quelle haben?

§53 Die subjektive Realität des Wunsches, es sei so, weicht für jenen nicht einfach vor der objektiven Realität der Welt. Sind beide für ihn unmittelbar gegebene Realitäten? Ist der Wunsch einfach eine andere Kraft? Die objektive Welt der Natur ist eine Kraft und der subjektive Wunsch ist eine andere Kraft: Beides sind Kräfte des ganzen Seins (welches Subjekt und Objekt umfasst) und nun mögen diese Kräfte laut jenem gegeneinander antreten? – Diese Auffassung greift die Selbstlüge nicht. Dann wäre jener nicht in einem Zustand des Lügens, sondern nur in einem Machtkampf. Setzt diese Beschreibung der Situation, welche die Lüge als bloßen Machtkampf umdeutet, die vollzogene Selbstlüge schon voraus? Kann man erst *nach* vollbrachter Lüge ernsthaft den Gedanken erwägen, dass die »Selbstlüge« gar keine echte Selbstlüge, sondern ein bloßer Machtkampf ist?

§54 Wenn es eine Lüge ist, dass die Wirklichkeit ein Machtkampf, ein Aufeinanderwirken verschiedener Kräfte ist, die um Vorrang ringen, dann stellt sich die Frage, was dieses Andere im Vergleich zur Macht ist, welches in dieser Lüge verneint wird? Es ist nicht das Wirkungslose, Ohnmächtige, denn dieses ist bloß Wirkung bzw. Macht mit einem negativen Vorzeichen. Es muss vielleicht jenseits von Macht und Ohnmacht sein. Es darf sich nicht im Wirken zeigen. Das Ethische kommt hier in Frage. Das ethische Gebot zeigt sich nicht in seiner Wirkung. Dieses ist daraus ersichtlich, dass ethische Gebote mit Leichtigkeit übertreten werden. Trotz aller Übertretung wird es aber auch nicht beschädigt. Mag es der empirische Normalfall sein, dass Menschen morden. Das Unrecht des Mordes bleibt. Die Kraft eines physikalischen Gegenstands – eines Felsens, eines Bunkers, eines Vehikels – kann durch eine größere Kraft zerschmettert werden. Die psychische Kraft eines Menschen kann durch die psychische Kraft eines anderen Menschen, der den ersten durch Tyrannisieren schwächt und evtl. bis zum Selbstmord bringt, überwunden und vernichtet werden. Das ethische Gebot hingegen wirkt nicht und kann nicht durch Wirkung annihiliert werden. Es gebietet jenseits von Wirkung und Wirkungslosigkeit.

§55 Wenn der Selbstlügende die Lüge als wirkmächtiges Instrument sieht, mit welchem er auch vor den Anderen durchkommen muss, da die Lüge sonst nicht hinreichend wirksam wäre, muss die Selbstlüge gleichermaßen auch immer Belügen der Anderen sein. Eine Selbstlüge kann kaum aufrechterhalten werden, wenn die Anderen offenbar die Wahrheit kennen und die Anderen auf den Selbstlügner, der behauptet er sei *dieses,* reagieren als sei er jedoch *jenes*. Es ist dann möglich, die Anderen zu belügen ohne sich selbst zu belügen. Es ist nicht möglich, sich selbst zu belügen ohne auch die Anderen zu belügen.

8. Unmöglichkeit der Kommunikation

8. LÜGE ALS AUSDRUCK DER UNMÖGLICHKEIT DER KOMMUNIKATION

§56 In einer sprachlichen Situation, in der es nur die Möglichkeit gäbe – in der Art eines *multiple choice test* – mit vorgefertigten Antworten zu reagieren, wäre man zum Gesprächsabbruch oder zur Lüge (im Sinne des wissentlichen Äußerns des Unwahren) gezwungen, wenn sämtliche vorgefertigten Antworten die genuine Antwort nicht treffen. Wenn sowohl der Gesprächsabbruch nicht angemessen scheint, als auch das Äußern einer sehr, sehr weit von der Wahrheit entfernten Antwort unangemessen scheint, verengt sich der Spielraum auf die Möglichkeit, falsche Antworten zu äußern, die noch möglichst nah an der Wahrheit sind. Man verfängt sich in der Lüge ähnlich als würde man sich in einem Feld voller giftiger Pflanzen schlafen legen, die einen sehr langsam vergiften?

§57 Die Antwortmöglichkeiten, die geäußert werden können, so dass das Gegenüber sie versteht, variieren mit dem Verständnis des Gegenübers. Wenn ein Mensch nicht eingeübt hat, zwischen seinen eigenen wohlwollenden und machtwollenden Impulsen zu unterscheiden, dann ist sein Verständnis für diese Differenzierung trübe. An ihn gerichtete sprachliche Äußerungen wird er vielleicht nicht verstehen, wenn sie auf der Unterscheidung beruhen. Wer ihn dennoch ansprechen will, muss lügen und wahrliche Differenzierungen verbergen (wenn er inhaltlich verstanden werden will) oder sich wahrhaft an die Unterscheidung halten und hinnehmen, dass er dann aber nicht verstanden wird. In beiden Fällen gelingt das Sprechen kaum. Die Sprachmöglichkeiten verengen sich auf die Möglichkeit zu lügen oder zu schweigen – jedenfalls solange das Verständnis des Angesprochenen düster bleibt. Nehmen wir beispielsweise an, dass durch die Konfrontation mit einem bestimmten Ereignis drei verschiedene empörte Impulse bei einer Person wachgerufen werden können. Sie verspürt ein »Das darf nicht sein!«, weil sie sich in ihrer Sicherheit bedroht fühlt und sie diese schätzt, *oder* weil sie einen allgemeinen ethischen Wert verletzt sieht, unabhängig davon, ob sie durch diese Verletzung direkt betroffen ist, *oder* weil sie einen Machtanspruch, der über die Sicherung der eigenen Sicherheit hinausgeht, erhebt, der in Frage gestellt wird. Wenn sich nun diese drei Impulse für die Person *gleich anfühlen*, ähnlich wie eine Person, deren Gehör nicht trainiert ist, nicht sicher bestimmten kann, ob zwischen zwei Tönen vier, fünf oder sechs Halbtonschritte liegen, da sie für sie *gleich klingen,* oder eine kurzsichtige Person zwei sichtbare Gegenstände nicht unterscheiden kann, da sie nur als verschwommene Farbflecken auftauchen, könnte es sein, dass die obige Einteilung, in *drei verschiedenartige Reaktionen* auf die Situation, von der Person zurückgewiesen wird. Die Impulsreaktionen vermengen sich in *eine*. Die Person würde dann nicht verstehen, dass es einen Unterschied geben kann zwischen einem allgemeinen ethischen Standard, einem Sicherheitsbedürfnis und dem Wunsch, sich Anderer zu bemächtigen. Daher könnte man sie, solange sie diese Differenzierung nicht macht, auch nicht auf eine Weise ansprechen, die diese voraussetzt. Wenn man diese Differenzierung als wichtig erachtet, könnte man, wenn man mit ihr im Gespräch oder Halbgespräch bleiben möchte, nur lügen oder an den relevanten Stellen schweigen.

§58 Die Notwendigkeit zu lügen, wenn das Schweigen nicht gewählt wird, ergibt sich in diesen Szenarien aus der Beschränkung der Antwortmöglichkeiten auf solche, die vom Adressaten aufgenommen werden können. Die Verengung der Antwortmöglichkeiten führt zur Lüge, da in dieser Situation nur eigentlich nicht stimmende Antworten als wahr behauptet werden können. Wird umgekehrt das echte Sprechen der Wahrheit genau dann um so möglicher, je weiter die Antwortmöglichkeiten sind? Wird, konsequent gedacht, das angemessene Sprechen der Wahrheit genau dann möglich, wenn es unendliche Möglichkeiten des Antwortens gibt? – Es gibt dann Hinweise, dass das Unendliche sowohl die Selbstlüge ermöglicht als auch das Sprechen der Wahrheit. Die produktive Rolle des Unendlichen, so könnte es sein, schlägt in beide Richtungen – Lüge und Wahrheit – aus.

§59 Wenn das mangelnde Verständnis eines Adressaten seinem Gegenüber nur die Optionen zu schweigen, zu lügen oder unverständlich zu sprechen offenlässt, dann kann eine analoge Struktur eventuell dazu beitragen, die Selbstlüge zu ermöglichen. Vielleicht hofft der Selbstlügende, dass, wenn er es schafft, sein Verständnis zu schwächen und die für ihn jetzt noch klaren Strukturen des Wirklichen zu verlieren, er dann nur noch – von Anderen wie von sich selbst – wie ein unmündiges Kind angesprochen werden kann, welches, durch die Wahrheit überfordert, mit leichteren Halb-, Viertel-, Achtel-, usw.-Wahrheiten umgehen darf. Hätte dieses Verhalten die paradoxe Struktur der Selbstlüge oder wäre es ein geradliniger Versuch, das eigene Wesen zu mutilieren, um durch Amputation des Verstehens ein anderes, besseres Wesen zu werden? Wenn Selbstmord nicht paradox ist, dann wäre wohl auch diese Reduzierung des eigenen Wesens nicht paradox. Wenn der Selbstlügende allerdings gleichzeitig – in der Rolle des Lügenden – mehr von der Wirklichkeit versteht und – in der Rolle des Belogenen – weniger von der Wirklichkeit versteht, dann ist die Situation paradox: Lügender und Belogener sind ja doch, so scheint es, genuin *einer.*

§60 Der Begriff der Lüge wird im Kontext des Sprechens mit der unverständigen Person schwieriger. Jener, der sich an den Unverständigen wendet und Unwahrheiten äußert, äußert ja nicht Unwahrheiten, um den Angesprochenen von der Wahrheit abzuhalten, sondern um ihn soweit als möglich zur Wahrheit *hinzuführen.* Die einzige dem noch-Unverständigen kommunizierbare »Wahrheit« ist jedoch eine Unwahrheit, die nur möglichst stark der Wahrheit ähnelt. Insoweit aber die verständigere sprechende Person diese Unwahrheit *wissend, dass es die Unwahrheit ist, als Wahrheit behauptet,* will man vielleicht sagen: Es bleibt eine Lüge. Der Verständigere will ja den weniger Verständigen täuschen. Er verheimlicht sein eigenes Verständnis, um den weniger Verständigen nicht zu irritieren.

§61 Ein Traummotiv: Der Träumende berührt ein ungeheuerliches Tier und wird dadurch (unwiederbringlich?) ein anderer. Wenn das, was »Selbstlüge« genannt wird, wie das Berühren eines monströsen Tieres wäre, welches einen selbst zum Tier macht, wäre es dann eine echte Selbstlüge? Wenn der Berührende ohne weiteres das Tier berührt, es für eine gute Option haltend, dann wäre es wohl keine Selbstlüge. Wenn der Berührende eigentlich zu wissen meint, dass es keine gute Option ist, sich zu verwandeln, aber dieses nicht mehr wissen will, dann wäre es selbstlügenhaft.

9. Die Hoffnung, die die Selbstlüge antreibt

9. Die Hoffnung, die die Selbstlüge antreibt

§62 Es ist nicht selbstverständlich, dass ein Mensch glauben kann, dass sich durch Lügen seine eigene Gestalt und die Gestalt der Welt ändern kann. Ohne diesen Glauben wäre sein Projekt aber auch aus der Innenperspektive zum Scheitern verurteilt. Wenn er nun nicht scheitern will, sondern mit seiner Lüge wirklich Erfolg haben will, stellt sich die Frage, wie er die Erfolgsbedingungen der Lüge versteht. Setzt sein Projekt der Selbstlüge nicht ein bestimmtes Wirklichkeitsverständnis voraus, in dem Platz für die Möglichkeit der gedeihenden Selbstlüge gesichert ist?

§63 Die Verzweiflung der Selbstlüge – die Ablehnung der jetzigen Wirklichkeit als unerträglich – hat einen lichten Schatten: Der Selbstlügende lügt, aber er verfolgt sein Projekt wirklich, hoffnungsvoll. Er glaubt, falls er nicht einfach scheitern will, dass die Lüge erfolgreich sein kann. Er glaubt, dass die Wahrheit überwältigt werden kann. Was ist die Quelle dieses Glaubens? Woher kommt die Energie, die sich in diesem Glauben ausdrückt?

§64 Ein gegenläufiges Traummotiv: Etwas Begehrtes ist sichtbar, aber kann nicht gefasst werden. Es ist vielleicht zu hoch oder es ist nah, aber beim Versuch, es zu greifen, treten allerlei unverständliche Schwierigkeiten auf. Wenn das wahre Ziel nicht erreicht werden kann, aber der Zielende auch nicht völlig aufhören will, kann oder darf, dann müsste er ein unwahres Ziel verfolgen – also selbstlügen? Wenn eine Lüge nur dann eine ist, wenn aktiv die Wahrheit abgewehrt werden soll, dann liegt in diesem Fall keine echte Selbstlüge vor. Die Täuschung wird ja affirmiert als potenzieller, verwirrter Weg hin zur Wahrheit in einer nebeligen Situation. Dennoch bleibt der Aspekt der willentlichen Täuschung: Mit einer evidenten Unwahrheit wird zunächst so umgegangen als sei sie wahr.

10. Was ist Wahrheit?

10. WAS IST WAHRHEIT?

§65 Was ist Wahrheit? – Die Wahrheit des Aussagesatzes »Auf dem Boden liegt eine Flasche mit Wasser« wird ermöglicht von den umgebenden Gegenständen, die sich dem menschlichen Vernehmen öffnen, welche die Worte bedeuten (Boden, Flasche, Wasser, ...). Der *Sinn* der Wahrheit als vernehmbarer liegt vielleicht darin, dass das Wasser Trinkende vor dem Tod bewahrt: der *Richtungssinn* also der Wahrheit liegt darin, dass sie denen, mit welchen man spricht, dient. Der Sinn der Wahrheit liegt darin, dass sie die Angesprochenen zum Wasser leitet, die so nicht verdursten müssen. Ohne den Sinn, auf den die Aussagewahrheit gerichtet ist, wäre auch sie selbst sinnlos. Sie wäre wie ein Spiegel, der ungesehen spiegelt, weil er nie eine Rolle in einem Leben spielen kann. Ohne die Trinkbarkeit von dem, was wir Wasser nennen, wobei unser Trinken des Wassers integraler Teil des Sinns des Wortes »Wasser« ist, gäbe es das Wort nicht als derart bedeutungsvolles Wort in unserem Leben. Wenn der *Sinn* also über der Aussagewahrheit steht und die Aussagewahrheit erst ermöglicht, ist der Sinn als übergeordneter dann selbst jenseits von Wahrheit und Unwahrheit (so wie die Sonne Uhrzeiten auf der Erde ermöglicht, aber auf der Sonne selbst keine Uhrzeit herrscht)? Oder ist die Aussagewahrheit auf einen Sinn gerichtet und dieser Sinn kann wiederum auch selbst wahr oder unwahr sein? Der Selbstlügende, könnte man meinen, glaubt wirklich, dass der Sinn selbst jenseits von Wahrheit und Unwahrheit ist, und dass er durch das Einführen eines neuen Sinnes neue Wahrheiten schaffen kann, weil er neue Ziele schafft, auf welche hin die Welt ausgelegt wird. Allerdings wäre dann sein Vorgehen einfach und folgerichtig: Er würde schlichtweg neue Wahrheiten schöpfen. Der Selbstlügende jedoch *lügt*. Das heißt: Er schöpft nicht souverän neue Wahrheiten, sondern er *weiß* als Lügender, dass er die Unwahrheit behauptet und er *weiß nicht* als Belogener, dass er die Unwahrheit behauptet.

§66 Die Vorstellung, dass der primäre Sinn eines Aussagesatzes im Ausdruck einer Faktenlage besteht, ist nicht ganz abwegig, da solche Sätze *auch* Faktenlagen ausdrücken. Dennoch ist die Vorstellung verwirrt. Die Darstellung der Fakten ist gewissermaßen erst der sekundäre Sinn so eines Satzes, wobei man diesen Sinn auch Bedeutung nennen könnte, weil er vernehmbare Gegenstände bedeutet. Der primäre Sinn besteht darin, denen, die mit solchen Sätzen angesprochen werden, gerecht zu werden. Wenn man den Angesprochenen gar nicht gerecht wird, indem man ihnen bestimmte Fakten mitteilt, dann ist der Satz nicht primär sinnvoll. Der sekundäre Sinn ist nun aber abhängig vom primären Sinn. Nur ein Wesen, in dessen Leben Wasser eine Rolle spielt, kann mit dem Satz »Auf dem Boden liegt eine Flasche mit Wasser«, welcher einen Fakt aussagt, sinnvoll angesprochen werden. Wenn »Wasser« im Leben des Angesprochen keine Rolle spielt, dann ist das Wort in einem Aussagesatz wie ein totes Fenster oder wie ein schwarzer Spiegel, weil es für den Angesprochenen nichts bedeutet.

§67 Angenommen eine Wahrheit ähnelt einem Nahrungsmittel. Ein Nahrungsmittel, welches nicht gut nährt, weil es vergiftet ist, wäre einer Unwahrheit ähnlich. Wenn einem Menschen nun nur vergiftete Lebensmittel zugänglich sind, die ihn krankmachen, jedoch auch überleben lassen, scheint es angemessen, diese zu essen. Was nun, wenn ein Mensch in einer Erkenntnislage ist, in welcher er von evidenten Unwahrheiten umgeben ist, aber dennoch keine positive Wahrheit erkennt? Sollte er jeden Erkenntnisanspruch aufgeben oder sollte er die Unwahrheiten zunächst einmal wie Wahrheiten behandeln, um überhaupt etwas affirmierend denken zu können und nicht jeden Boden zu verlieren? Würde er lügen, wenn er – mangels zugänglicher Alternativen – mit Unwahrheiten hantiert als wären sie Wahrheiten? Immerhin *tut er so* als wäre etwas eine Wahrheit, was evidentermaßen keine ist. Wenn er im Hintergrund behält, dass er diese Unwahrheiten nur methodisch und zunächst strategisch wie Wahrheiten behandelt, dann lügt er nicht. Wenn er nun aber schläfrig wird und vergisst, dass er die Unwahrheiten nur methodisch wie Wahrheiten behandeln wollte? Dann lügt er nicht, sondern ist unachtsam. Der Versuch der Selbstlüge liegt dann vor, wenn er sich davon zu überzeugen sucht, die Unwahrheit sei wahr. Aber vielleicht gibt es eine wichtige Zwischenstufe: Er wird schläfrig und lügt nicht aktiv, aber lädt das Vergessen ein, indem er aktiv die Vorkehrungen gegen das Vergessen weglässt.

§68 Es wird eine Erklärung der Selbstlüge vorgeschlagen: »Jener, der sich selbst und Andere belügt, tut es, weil ihm nichts so wichtig ist, wie wichtig zu sein. Daher greift er zu allen Mitteln, die ihm zur Verfügung stehen, um sein Ziel irgendwie zu erreichen.« Die Erklärung tut so als sei es selbstverständlich, dass bei einem ultimativen Ziel jedes Mittel – folglich auch die Lüge – anwendbar ist. Es ist aber nicht klar, dass, wenn das alle anderen Bedürfnisse überwältigende Bedürfnis nach Wichtigkeit besteht, die Lüge sogleich opportun wird. Der Selbstlügende will ja, wenn man die Erklärung beim Wort nimmt, wichtig *sein* und nicht nur wichtig *scheinen*.

§69 Passen wir die vorgeschlagene Erklärung an: »Jener, der sich selbst und Andere belügt, tut es, weil ihm nichts so wichtig ist, wie wichtig zu scheinen. Daher greift er zu allen Mitteln, die ihm zur Verfügung stehen, um sein Ziel irgendwie zu erreichen.« Diese Erklärung erhellt ebenfalls nicht hinreichend, denn es ist noch nicht verständlich, wie es überhaupt möglich ist, dass sich ein Mensch ultimativ – im Kern seines Daseins – am Schein orientiert. Der Schein ist eigentlich ans Sein geknüpft und immer nur aus dem Sein heraus gehaltvoll: Falschgeld ohne echtes Geld wäre logisch unmöglich. – Wenn der Selbstlügende den Schein genießen will, ohne Bezug zum Sein, dann sticht eine neue Charakteristik hervor: Der Selbstlügende ist desinteressiert. Die Wirklichkeit, *zu sein* (*esse*) ist für ihn nicht von Belang. Er will also gar nicht wichtig *sein*. Er will *nicht sein*. Er will auch nicht *im Schein* sein, denn der Schein wäre ja immer schon auf das Sein bezogen, dessen oft irreführender Abglanz er ist. Der Selbstlügende will, so betrachtet, genuin den Bezug zum Sein durchbrechen und übergehen in etwas, das nicht mehr mit dem, was wir Sein nennen, kontinuierlich ist.

§70 In der kurzweiligen Reflexion des Alltags wird die Selbstlüge oft wenig beeindruckt übergangen. Man belügt sich eben, weil die Wahrheit zu schmerzhaft ist, so die Auffassung. Diese Erklärung hätte vielleicht Potenzial, wenn die Lügenden sich konsequent außerhalb des Bereichs der Wahrheit stellen würden. Die gewöhnliche Erklärung tut so als sei den Selbstlügenden die Wahrheit egal und daher lügen sie eben unbeeindruckt und brüsk. Aber sie müssen sich ja nur belügen, weil ihnen die Wahrheit ganz und gar nicht egal ist und sie etwas für wahr halten wollen, was nicht wahr ist. Ohne das Begehren einer Wahrheit, ohne das leidenschaftliche Ausgerichtetsein auf eine Wahrheit verliert die Selbstlüge ihre Pointe. Wenn die Selbstlügenden allerdings die Wahrheit begehren, dann verliert die Selbstlüge wiederum *auch* ihre Pointe, weil sie sich durch das Lügen ja von ihr entfernen.

§71 »Lobpreist« die Lüge also die Wahrheit, weil sie nur durch den Wert der Wahrheit motiviert wird, so wie die Person, die eine andere Person hasst, den Wert dieser anerkennt und zur Schau stellt, da diese ihr ansonsten nicht hassenswert, sondern gleichgültig wäre?

§72 Es ist gar nicht unmittelbar klar, warum sich Wahrheit und Schmerz derartig in einer Liga befinden sollten, sodass der Schmerz über die Wahrheit triumphieren könnte oder umgekehrt. Wer ist ein Mensch, so dass Schmerz und Wahrheit um Geltung konkurrieren können? Vielleicht sind Wahrheit und Schmerz aber sogar wesentlich verbunden: Hat vielleicht jeder Schmerz inhärent einen Wahrheitsanspruch und protestiert dagegen, dass eine wichtige Wahrheit verletzt wird? Der Schmerz der abgeschnittenen Zunge protestiert gegen die Missachtung der vom Wesen anerkannten Wahrheit, dass dieses die Zunge wahrhaftig zum eigentlichen Leben bräuchte. Auch das relativ nüchterne, gewissermaßen wissenschaftliche Registrieren eines verletzten Wahrheitsanspruches scheint immer auch schmerzhaft zu sein. Das Wahrnehmen eines logischen Widerspruchs z.B. *schmerzt* gewissermaßen. Man zuckt innerlich zusammen, weil dieser Regelverstoß nicht sein sollte. Es ist wie wenn ein Bogen so weit gespannt wird, dass er mit einem schmerzhaften Knall reißt.

§73 Wenn Wahrheit also immer sozusagen zwei Enden hat – ein Ende, in dem das Kognitive, das Verstehen eines Gehalts auftaucht sowie ein gefühlsmäßiges Ende, in dem der Schmerz des Wahrheitsverstoßes bzw. die Freude über das Erstrahlen der Wahrheit auftritt – dann taucht vielleicht eine Möglichkeit auf, wie man den wundervollen Blick der Person greifen kann, die logisch Unmögliches affirmiert. Je nachdem, ob das, was für eine Wahrheit gehalten wird, gerade mit der kognitiven oder der gefühlsmäßigen Seite auftaucht, kann ein undurchsichtiges Gewirr der Wahrheitsansprüche auftauchen. – Dieses würde aber nur erklären, wie eine Person *verwirrt* Widersprüchliches affirmiert. Der Selbstlügende jedoch lügt *gezielt, verstehend.* Ansonsten wäre er kein Lügender, sondern bloß ein Verwirrter. Immer wieder entgleitet die Selbstlüge als unfassbar.

§74 Der Aussagesatz, der sich als wahr präsentiert, hat nach obigen Untersuchungen also mindestens zwei Stufen des Sinns. Die Bedeutung, der sekundäre Sinn, liegt darin, dass er ausdrückt, wie sich gewisse Fakten verhalten – in welcher Beziehung Gegenstände zueinanderstehen. Der primäre Sinn liegt darin, dem Angesprochenen, zu dem der Satz gesagt wird, gerecht zu werden. – Wie ist aber der Sinn zu fassen, wenn es nicht um einen Aussagesatz geht, sondern um eine Person. Der Selbstlügende äußert ja nicht nur falsche Aussagesätze, sondern als ganzer tritt er falsch auf. – Ein Vergleich: Eine Pflanze zeigt, was sie wahrhaftig ist, auf mindestens zweierlei Weise. Sie ist zum einen sichtbar, sie öffnet sich dem Blick und kann so über ihr Aussehen bestimmt werden. Zum andern kreiert sie um sich herum eine bestimmte Umwelt, die nicht gleichermaßen sichtbar ist: Sie stößt Atemluft aus und sie bzw. ihre

Früchte können gegessen und verdaut werden. Wenn die Früchte giftig sind, dann können sie nicht angemessen verdaut werden. Die erstgenannte Ebene bleibt äußerlich, die zweitgenannte Ebene durchdringt jenen, der in ihrer Gegenwart ist. – Anwendung des Vergleichs: Die Bedeutung – der sekundäre Sinn – der Person liegt darin, wie sie andere Personen durchdringt und diesen eine Atmosphäre bietet, in der sie sein können. Der primäre Sinn der Person liegt darin, diesen Aufenthalt zu ermöglichen. In der Selbstlüge wird die Möglichkeit eines Aufenthalts behauptet, die nicht gegeben ist. Die Selbstlüge behauptet Leben, wo Tod ist, *um gezielt zum Tod fortzuschreiten* – aber unter Berufung auf das Leben. Der Selbstlügende kann ja nur lügen, weil er weiß, was die Wahrheit ist. Er entfernt sich also dezidiert von der Wahrheit. Gleichzeitig will er aber die Wahrheit durch eine andere Schein-Wahrheit ersetzen, deren Schein immer auf das Sein Bezug nimmt. So beruft er sich auch in der Lüge und im Absehen von der Wahrheit auf diese.

§75 Die klassische Definition der Wahrheit als Übereinstimmung einer Aussage mit den Sachen (vgl. Platon: *Der Sophist;* 263b oder Aristoteles: *Metaphysik*; Viertes Buch, 1011b) erfasst nur den sekundären Sinn eines Aussagesatzes. Als umfassende Wahrheitsdefinition ist sie falsch, da sie nur auf diesen sekundären Aspekt beschränkt ist. Dennoch bringt diese Definition vielleicht zutreffend hervor, dass Wahrheit immer *Beziehung* ist. Wahrheit impliziert vielleicht immer das Ausstrecken des Wahren – des wahren Satzes, der wahren Sache, der wahren Person – zu einem Empfangenden. Die Wahrheit der Person besteht dann unter anderem darin, dass sie sich ausstreckt zu anderen Personen und diese in ihrem Raum leben lässt. – Aber warum sollte das so sein? Ist das nicht eine recht willkürliche Bestimmung der Wahrheit, die angestoßen wird durch eine oberflächliche Ähnlichkeit mit der klassischen Wahrheitsdefinition?

§76 Die Wahrheit scheint häufig doch gerade losgelöst und frei zu sein von hypothetischen oder kategorischen ethischen Imperativen und dergleichen. Die Wahrheit bezeichnet das Sosein, die Dinge, wie sie sind – unabhängig von ihrem Sollen, sei es absolutes oder kontingentes Sollen. Die Kühle und Desinteressiertheit der Wahrheit durchbricht das wirre Geschrei verschiedenster ethischer Forderungen, die sich oft sogar widersprechen. In diesem Kontext kann der Vorschlag, dass es zum Wesen der Wahrheit gehört, einem Anderen die Existenz zu ermöglichen, nur widersinnig erscheinen. Es ist also noch einmal genauer darzulegen, weshalb Wahrheit als Konzept immer schon innerlich mit einem ethischen Imperativ verwoben sein sollte. Zum entscheidenden Punkt führt Folgendes hin: Ein Mensch lernt als Kind das Sprechen im Umgang mit anderen Sprechern. Die sprachliche Verständigung kommt nur zustande, wenn die Sprecher versuchen den jeweils anderen zu verstehen. Dabei geht das Kind *leutselig* mit der Wahrheit, mit dem wahren Sosein der Dinge um. Wenn es versucht, sich verständlich zu machen, und versucht, den anderen zu verstehen, stellt es gar nicht in Frage, dass es selbst und der Andere sich sprachlich auf die Welt beziehen, wie sie wahrhaft ist. Unbedarft folgen die sich sprachlich Verständigenden daher dem Gebot, dass sie das, was der Andere meint, was er wahrlich meint, selbstverständlich aufnehmen müssen. Die Sprecher behandeln den jeweils Anderen ohne darüber nachzudenken als würde dieser fordern »Verstehe mich!«. Dieses ist eine anspruchsvolle Forderung, da die sprachlichen Zeichen weitgehend arbiträr sind und daher sehr viel Arbeit dazu gehört, den Anderen zu verstehen. Erst wenn die Sprechenden der Forderung »Verstehe mich!« nachkommen, bildet sich um sie herum eine wortsprachlich geteilte Welt, in der sich beide orientieren können. (Ohne diese Verständigung ließe sich z.B. nicht unterscheiden, ob man gerade wirklich ein Geräusch gehört hat oder eine auditive Halluzination oder ähnliches hatte.) Die geteilte wortsprachliche Welt wird also erst zugänglich, *nachdem* beide sich dem Imperativ hingegeben haben, den Anderen zu verstehen. – Aber wieso sollte das ein ethischer Imperativ sein? Er wird ja gar nicht bedacht, sondern er wird reflexhaft, ohne Reflexion, natürlich befolgt. – Es deutet sich an, dass es ein ethischer Imperativ ist oder sein könnte, weil das Verstehen in gewissem Sinne das Gegenteil zum Töten ist. Wenn ich den Anderen verstehe, wie er aktuell ist, kann er in der öffentlichen Welt leben und gedeihen. Wenn ich den Anderen missverstehe oder ignoriere, kann er als der, der er ist, nicht in der geteilten Welt auftauchen. Ich schneide dann sein Leben ab, jedenfalls in dem begrenzten Sinne, dass ich nicht zulasse, dass er in der geteilten sprachlichen Welt, so wie er ist, vorkommen kann. Ich töte ihn dann zwar nicht im körperlichen Sinne, aber ich töte ihn in Bezug auf sein Sein in dieser geteilten Welt. Die schiere Möglichkeit des Sprechens scheint nun daran zu hängen, dass dieser Imperativ befolgt wird. Zunächst wird er gedankenlos, unbewusst, reflexhaft, instinktiv, natürlich, gewissermaßen unschuldig befolgt. Wenn sich dann aber das Denken, das Bezug nimmt auf die sprachlich geteilte öffentliche Welt, ausgebildet hat und eine gewisse feste Statur entwickelt hat, dann kann der Sprechende abfallen und vom Imperativ, den Anderen zu verstehen, sich abkehren.

§77 Die klassischen Logiker – von Aristoteles bis Frege – schließen die Möglichkeit aus, dass ein Satz sowohl wahr als auch falsch sein kann (vgl. Aristoteles: *Metaphysik;* Viertes Buch, 1006a–1011a) bzw. weder wahr noch falsch sein kann (vgl. ebd.: 1011b–1012a). Jeder sinnvolle Aussagesatz, der sich auf einen vergangenen oder gegenwärtigen Sachverhalt bezieht, so die klassische Position, ist wahr oder falsch. Im Anschluss daran drücken Paradoxien notwendig etwas Unwirkliches aus: Das Paradoxe erscheint, von der einen Seite kommend, als wahr und, von der anderen Seite kommend, als falsch. Etwas kann aber nicht gleichzeitig wahr und falsch sein und daher ist das unauflösbare Paradoxe ein Hirngespinst ohne Wirklichkeit. Nicht-klassische Logiker weisen darauf hin, dass man nicht unbedingt der klassischen Sicht folgen muss, laut welcher der Wahrheitswert einer Aussage über eine Wahrheits*funktion* mit der Aussage verbunden ist. Bei einer mathematischen Funktion wird jedem Element der einen Menge exakt ein Element der anderen Menge zugeordnet. Es handelt sich bei der Funktion also um eine eindeutige Zuordnung. Bei einer Wahrheitsfunktion ist entsprechend eine Aussage mit exakt einem Wahrheitswert (wahr bzw. falsch) verbunden. Wenn die Verbindung zwischen Wahrheitswert und Aussage nicht als Funktion, sondern als Relation gedacht wird, dann lassen sich einer Aussage mehrere Wahrheitswerte zuordnen: Sie könnte dann z.B. »wahr«, »falsch«, oder »wahr und falsch«, oder »weder wahr noch falsch« sein. (Vgl. Belnap: *A Useful Four-Valued Logic* oder Dunn: *Intuitive Semantics for First-Degree Entailment and »Coupled Trees«)*. Wenden wir diese grundlegende Denkmöglichkeit nun auf das Thema dieser Untersuchung an. Das, was wir »Paradoxon« nennen, könnte dann *genuin* wahr-*und*-falsch sein. Jener, der sich selbst belügt, könnte dann genuin die Aussage über die er sich selbst belügt für sowohl wahr als auch falsch halten. Die Beziehung des Selbstlügenden zur Aussage würde somit die Möglichkeiten der klassischen Logik radikal sprengen. Er würde den Satz ja nicht für wahr halten, nicht für falsch halten, sondern für *sowohl-wahr-als-auch-falsch*.

§78 Die Möglichkeit, das Verhältnis zwischen Aussage und Wahrheitswert nicht als Funktion, sondern als Relation zu denken, könnte als bloße Zeichen-Spielerei, als bloßes Manipulieren von abstrakten Konzepten abgetan werden, oder als lediglich nützliches Mittel, um mit widersprüchlichen oder unvollständigen Daten zu arbeiten, welches nicht danach fragt, ob es über diese spezifische Anwendbarkeit hinaus eine Bedeutung haben könnte, dass Aussagen genuin »wahr *und* falsch sein« können, wenn sich nicht in der Lebenswelt Situationen auftun würden, in welchen das Paradoxe eine

Wirklichkeit zu sein scheint, die die Grenzen der normalen Logik zerreißt. Die Selbstlüge scheint so ein Phänomen zu sein, welches die Regeln der klassischen Logik aufreißt oder überschreitet. Auch ein paradoxer Satz wie »Dieser Satz ist falsch« könnte im Sinne einer nicht-klassischen Logik als ein Satz verstanden werden, der genuin *sowohl-wahr-als-auch-falsch* ist. Die klassische Logik weist ihn als Kontradiktion und somit als schlichtweg falsch aus. Das *Verstehen* des Satzes scheint aber darauf zu beruhen, dass man versteht, dass er nicht *einfach falsch* ist wie der Satz »Der Hahn kräht«, wenn dieser schweigt. Das Verstehen scheint vielmehr stufenartig zu sein: 1. Man ist offen für das Kommen eines Satzes, irgendeines Satzes, den man empfängt als würde er eine Wahrheit bezeugen. Man ist, wenn auch widerwillig, eingestellt auf das Kommen des Satzzeichens und der damit verbundenen bezeugten Wirklichkeit. 2. Der Satz »Dieser Satz ist falsch« bricht in das Bewusstsein hinein und gerade weil man die Wahrheit des Satzes empfängt und man daher leutselig die Position – »Dieser Satz ist falsch« – anerkennt, soll nun das Vertrauen in die wahrheitsbezeugende Rolle des Satzes wieder aufgegeben werden. Der Satz bezeugt nicht eine andere Wirklichkeit, die fern von ihm liegt, sondern er bezeugt, dass seine eigene bezeugende Funktion nicht gilt. Der Satz stülpt sich gewissermaßen von innen nach außen. 3. Wenn man dem Zeugnis des Satzes soweit folgt, dann ist man nun an dem Punkt, an dem man die zeugnisgebende Funktion selbst des Satzes abweisen soll. 4. Wenn man aber das Zeugnis des Satzes zurückweist, dann weist man das Zeugnis des *ganzen* Satzes zurück und man gelangt wieder zum Anfangszustand des Offenseins für einen hereinkommenden Satz. 5. Nun kann der Satz »Dieser Satz ist falsch« einen erneut treffen und der Prozess sich wieder abspielen. Offenbar liegt bei der »Falschheit« dieses Paradoxons etwas ganz Anderes vor als bei der Falschheit des Satzes »Der Papagei schweigt«, wenn der Papagei gerade rezitiert. Hier lässt sich die Falschheit ganz *einfach* durch Vergleich des Satzes mit der Wirklichkeit ermitteln. Im Paradoxon wiederum schlägt eine Dimension der Bedeutung in die andere um. Das Paradoxon, könnte man vielleicht sagen, ist *wahr-und-falsch*, weil die Falschheit des Paradoxons (= »der Satz bezeugt sich selbst als falsch«) nur auftritt, wenn die Wahrheit des Paradoxons (= »der Satz bezeugt wahrhaftig«) auftritt. In anderen Worten: Das Paradoxon ist nicht einfach unsinnig, inhaltsleer. Es ist verständlich. Man versteht das Paradoxon als Paradoxon gerade deshalb, *weil* es die klassische Logik sprengt. Aber *dann* bildet die klassische Logik nicht einfach die absoluten Denkgesetze, denn man *denkt* das Paradoxon ja. Das Paradoxon ist ganz klar in seiner *Wider*sinnigkeit.

§79 Die Möglichkeit einer nicht-klassischen Logik, die es zulässt, dass ein Satz den Wahrheitswert *sowohl-wahr-als-auch-falsch* hat, hilft vielleicht gar nicht. Der Selbstlügende strebt ja nicht einen Zustand an, in dem er die Lüge für wahr *und* falsch hält, sondern er will sie für wahr halten. Er will sich nicht im Unklaren aufhalten. Er will, dass die Lüge aufscheint und alles einnimmt. Es soll keinen Rand, keinen Hintergrund, kein Schlupfloch mehr geben: Die Lüge soll da sein und alles überall erfüllen.

11. Die irreduzibel soziale Dimension der Selbstlüge

11. DIE IRREDUZIBEL SOZIALE DIMENSION DER SELBSTLÜGE

§80 Die Selbstlüge kann für einen Menschen keine private Angelegenheit sein, denn zur Selbstlüge gehört die lügenhafte Verortung des Menschen in seiner Gemeinschaft. Der Selbstlügende kann daher nicht gelassen offen sein für das unerwartete Kommen irgendeines Satzes. Als Phänomen ist es beobachtbar, dass beim Versuch, die Person wahrhaftig anzusprechen, die sich selbst belügt, der an sie adressierte Satz sofort zerfällt, erfriert oder untergeht, wenn dieser in die Wahrnehmungssphäre des Selbstlügners gelangt. Es ist als würde man einen Vogel losschicken, aber sobald er in der Atmosphäre des Selbstlügners ist, werden seine Flügel gelähmt, er verwandelt sich in einen Stein und fällt zu Boden; und der Selbstlügner nimmt diesen, um den Anderen bzw. dich zu steinigen. – Eine Person schämt sich beispielsweise für sich selbst. Die Unerträglichkeit der eigenen Wirklichkeit, wie sie sie versteht, verspürend, flieht sie in die Selbstlüge laut welcher sie ein ganz anderer Mensch ist. Nun wird sie angesprochen von einem Anderen, der ihren Zustand gar nicht als blamabel einstuft. Dieser Andere nimmt sie weder als übermäßig erniedrigt noch erhöht wahr, hat gar kein bestimmtes Bild von ihr und versucht einfach bei ihrem So-Sein, wie es sich ansatzweise zeigt, anzuknüpfen, kein bestimmtes Ziel verfolgend, offen seiend für die Wirklichkeit, die in der Interaktion entstehen mag. Dieses Hinzubewegen des Anderen auf das eigene So-Sein wird jedoch im Zustand der angestrebten Selbstlüge gedeutet als Angriff auf das erlogene Ich, das einzige erträgliche Ich und mit aller Kraft abgewehrt.

§81 Wenn in der Sphäre des Selbstlügners die lebendigen Worte erstarren und wie zu Steinen werden, dann tut sich ein Kandidat für einen Hinweis auf, um die Selbstlüge zu erkennen. Wenn die Worte der anderen Menschen in seinem Wirkbereich scheitern und wie gelähmt sind, nie wie gemeint zum Selbstlügenden durchdringen, dann ist dieser einsam. Dieses würde auch gelten, wenn er sich mit anderen Selbstlügenden verbündet. Auch die Worte der anderen Selbstlügenden erstarren und werden wie zu Stein in seiner Sphäre. Aber in diesem Fall ist es gewünscht. Die beiden Selbstlügenden adressieren sich gegenseitig, um gemeinsam jenen, der ihnen das Spiel der Selbstlüge verdirbt, zu steinigen. Da sich ihr Gemeinsein aber im Kampf gegen den gemeinsamen Feind erschöpft, sind auch diese einsam. Einsamkeit, die im Zusammenhang mit dem Verweigern eines Gesprächs steht, könnte somit ein Hinweis auf die Selbstlüge sein.

§82 Wenn eine klare Subjekt-Objekt-Trennung gegeben ist, wie sie klassischerweise in der europäischen Philosophie angenommen wird, dann sind Subjekt und Objekt in so einer Weise voneinander gesondert, dass das Subjekt das Objekt belügen kann, ohne sich selbst zu belügen. Das Objekt ist demnach anderswo und das Subjekt muss sich erst mühevoll zu ihm – dem Fremden – ausstrecken.

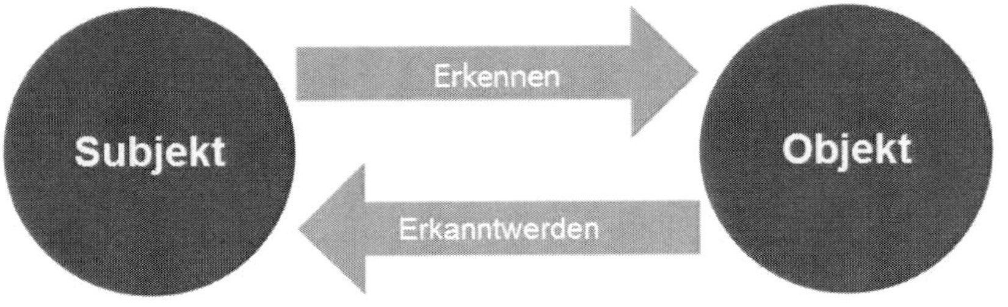

Abbildung 3

Wenn es nun aber so ist, dass jedes Ding in seine Umgebung ausstrahlt und ein Mensch das Ding unmittelbar versteht, wenn es unverschleiert in seiner Gegenwart ist, dann ist die Subjekt-Objekt-Trennung nicht gleichermaßen gegeben. Ein Mensch würde dann einen anderen nicht dadurch erkennen, dass er über Sinnesdaten und Vernunftschlüsse die Existenz und Gestalt des Anderen herleitet, sondern dadurch, dass der andere Mensch da ist.

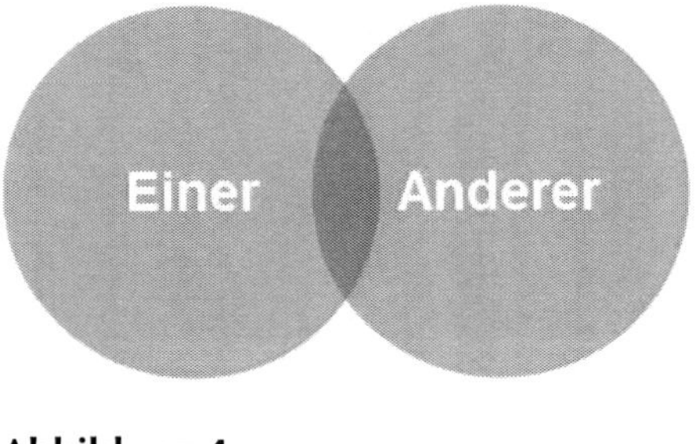

Abbildung 4

Wenn der Andere in der Präsenz des Einen ist, dann durchdringt und durchwirkt er den Einen so, dass er dessen *Sein* mit-verändert. Der Eine *erkennt den Anderen nicht nur,* sondern *indem der Eine den Anderen erkennt,* verändert sich das Sein des Einen. Dies bedeutet vielleicht auch: Wenn der Eine den Anderen belügt, das Sein des Anderen versucht zu verschleiern, dann belügt er auch sich selbst, verschleiert sein eigenes Sein.

Das, was Martin Buber als Ich-Du-Begegnung beschreibt, ist eine Möglichkeit diese nicht-vermittelte Durchdringung philosophisch zu fassen. Während ich den anderen Menschen auch als »Es«, als Teil einer objektiven räumlich-zeitlich-kausalen Gesamtheit und durch abstrakte Kategorien vermittelt wahrnehmen kann, so ist die »Beziehung zum Du [...] unmittelbar« (Buber: *Ich und Du;* §15, S. 45). In der Begegnung öffnet und gibt sich das Ich dem Du, welches sich wiederum dem Ich gibt und öffnet. Die Unmittelbarkeit der Präsenz des Du zeigt sich dabei darin, dass es nicht als Gegenstand in der Welt auftaucht, sondern, dass »alles andere lebt in *seinem* Licht« (ebd., §11, S. 43). Die Perspektivität des Du bricht in meine ein, ich sehe alles andere aus dem Licht des Du. Da die Ich-Du-Beziehung gegenseitig ist bzw. »Wechselwirkung« (ebd., §22, S. 48) ist, bricht aber gleichermaßen, so Buber, meine Perspektivität in die von meinem Du ein.

Keiji Nishitani drückt etwas Ähnliches aus, wenn er den Begriff des *natürlichen Lichts* nicht für das Licht des vernünftigen Subjekts, sondern für »das Licht der Dinge selbst, das von allen Dingen herkommt« (Nishitani: *Was ist Religion?* S. 259) verwenden will. Ultimativ, so Nishitani, wirft nicht das abtrennbare Subjekt ein Licht auf die Dinge, um sie zu erleuchten, sondern die Dinge ragen in *dich* hinein, und das natürliche Licht, das natürliche Gewahrwerden der Wirklichkeit, das man als Mensch vernehmen kann, ist dieses Hineinragen der Dinge bei gleichzeitigem eigenen Herausragen in diese, welches Nishitani auch unter dem Begriff der »wechselseitigen Durchdringung« (ebd., S. 238) fasst.

Mögen die Positionen von Buber und Nishitani angemessen sein oder nicht, mag die Sozialität bis zur unmittelbaren Durchdringung gehen oder nicht. Bereits insofern der Selbstlügende ein Subjekt in einer Gemeinschaft sein will und die Selbstlüge nur funktioniert, wenn die Gemeinschaft in diese einsteigt und sie unterstützt, hat die Selbstlüge immer schon eine soziale Bedeutsamkeit. Der Selbstlügende versucht hier die Gemeinschaft als Unterstützer seiner Selbstlüge zu gewinnen, welche er als allgemein anzuerkennende Wahrheit anordnen will. Die soziale Dimension macht die Selbstlüge auf besondere Weise herausfordernd, weil sie nur Aussicht haben kann, wenn die Gemeinschaft sich darauf einlässt, in dieser Weise als Instrument zur Verteidigung der Lüge missbraucht zu werden. Wenn es darüber hinaus auch noch grob so etwas wie die oben geschilderte Durchlässigkeit zwischen dem Einen und dem Anderen gibt, dann hätte die Selbstlüge in einem noch umfassenderen Sinne eine soziale Dimension. Durch die wechselseitige irreduzible Abhängigkeit voneinander würde jedes Belügen des Anderen gleichermaßen in eine Selbstlüge umschlagen, insofern der Andere ja schon in einem ist.

12. »So ist es – ist es so?«

12. »SO IST ES – IST ES SO?« ALS GRUNDSTRUKTUR DES VERNEHMENS

§83 Was hat es nun also mit dem Ich auf sich? Das Ich ist *kein* Gegenstand, denn ein Gegenstand ist etwas, das auftaucht für einen, der ihn vernimmt. Das Ich taucht aber nicht dadurch auf, dass es als Gegenstand vernommen wird, sondern es ist das nicht-Gegenständliche, welches die Gegenstände empfängt. Es ist das nicht-gegenständliche *Hier-und-Jetzt*, in dem die Gegenstände auftauchen. Sie stehen dabei immer schon in Frage. Die Gegenstände, die auftauchen, haben nicht die Gestalt »Regen-So ist es«, sondern »Regen-Was?«. Das Vernehmen ist wie ein Netz, das ausgeworfen wird, und nach dem Auswerfen sofort wieder zerschnitten wird, um erneut ausgeworfen zu werden. Dass das Vernehmen nicht die Struktur »So ist es-So ist es«, sondern »Ja, so ist es. Aber ist es so?« hat, zeigt sich z.B. an der Offenheit der Zukunft, die jede momentane Situationsbeschreibung radikal umwerfen kann. Diese Offenheit der Zukunft ist nicht an außergewöhnliche Ereignisse geknüpft, was sich daran zeigt, dass ein unbeweglicher Gegenstand zu jedem Zeitpunkt anders aussieht – selbst im extremen Fall, dass sein Wandel nur darin besteht, dass er immer langweiliger und abstoßender aussieht. So ähnlich wie Früchte verrotten und dann das Verrottete eventuell auch als Dünger in neue Früchte eingeht, verändert sich auch das Wahrgenommene unaufhaltsam (selbst wenn der wahrgenommene Gegenstand unbeweglich bleibt). Ist es nun die grundsätzliche Doppelstruktur des »So ist es-Ist es so?«, welche die Selbstlüge ermöglicht?

§84 Die grundsätzliche Doppelstruktur des »So ist es-Ist es so?« impliziert jedenfalls, dass der erkennende Mensch auf keinem festen Fundament steht. Der Sprung in die Unsicherheit und Abgründigkeit der Selbstlüge, deren Inhalt nicht in dem Sosein fundiert ist, führt jedenfalls nicht erst neu die Unsicherheit und den Mangel eines festen Grundes in das Verstehen ein. Das ganze Weltwahrnehmen ist von einem Fragezeichen durchdrungen. Dadurch lässt sich vielleicht die Selbstlüge leichter einführen, denn die Selbstlüge muss dann ihre eigene Fragilität nicht streng verbergen. Die genuin geglaubte Aussage hat die wankende Struktur »So ist es-Aber ist es so?«. Die Lüge hat die ebenfalls wankende Struktur in der spezifischen Variation: »So ist es zwar nicht, aber ich behaupte es dennoch-Aber ist es wirklich so, dass ich die Lüge nur behaupte?«. In anderen Worten: Die Selbstlüge muss in gewissem Sinne nicht *streng* geglaubt werden. Die Selbstlüge erfordert nicht völliges, restloses Überzeugtsein von der Selbstlüge, sondern lässt Zweifel an der Lüge zu. Die Selbstlüge beutet dann also die zweite Hälfte der »So ist es-Ist es so?«-Struktur des Vernehmens aus.

13. Sich-dem-Unverfügbaren-Öffnen

13. Sich-dem-Unverfügbaren-Öffnen als Grundvoraussetzung der Kommunikation und als Gegenstück zur Selbstlüge

§85 Alphabet, Beet, Gebet. Menschliches Sprechen als »Alphabet«, »Beet« und »Gebet«. *Das Gebet* ist keine Bitte nach Erfüllung eines bestimmten Wunsches, sondern Ausdruck der Ausrichtung auf den undeutlichen Anderen, dessen Antwort erwartet wird und der einen transformieren soll. »Leite uns recht auf dem Weg, dem geraden« – so das Gebet in der eröffnenden Sure des Korans, in dem nur deshalb nach Leitung auf dem Weg gefragt werden kann, weil dieser nicht bekannt ist. Dennoch wird ihm vertraut. Gleichermaßen wird nach einer eigenen Transformation durch den Anderen gefragt: Man selbst ist zur Veränderung des eigenen Selbst bereit – begibt man sich auf den Weg, wird man ein anderer, auch wenn man sich jetzt nicht vorstellen kann, was dieses veränderte Selbst ausmacht. (Metamorphose.) Hier deutet sich die Zweideutigkeit des Sprechens, das gleichermaßen Aussagen und insofern es Aussagen ist, auch Infragestellung der Aussage ist: Der Ausdruck »der Weg« bezeichnet nicht schlicht eine konkrete Strecke in der Welt. Er ist gleichermaßen ein Fragewort: »*Welcher Weg?*« Der Ausdruck »uns« sagt nicht aus, dass eine bestimmte Menge gemeint ist. Es ist gleichermaßen die Frage »*Wen?*«. Es ist unbestimmt, *wer* gemeint ist. Wie ein Ton in einer Melodie durch den zukünftig folgenden Ton eine neue Bedeutung bekommen kann, so steht ein Wort in Frage, kann durch das Hereinbrechen der Zukunft eine neue Bedeutung bekommen. *Das Beet.* Das Bild des Beets verweist auf dieselbe Dynamik. Ein Mensch sät etwas aus, welches sich dann eigendynamisch im Boden weiterentwickelt. Es wächst zu etwas heran, was der Säende dann wieder isst, wodurch er transformiert wird. *Das Alphabet.* Das Alphabet zeigt das Wunder an. Mit begrenzt vielen Buchstaben lassen sich unendlich viele Wörter mit unendlich vielen und unvorhersehbaren Nuancen darstellen. Also: Sprechen ist Vertrauen auf die Transformation durch das Wunder. Nichtsprechen ist Schutz vor dem Wunder. Was ist die Selbstlüge dann?

§86 Sprechen ist Vertrauen auf die Transformation durch das Wunder. Selbstlüge ist paradox, unfassbar, wunderlich. Die Selbstlüge ist also der Versuch das Wunder zu zähmen, umzuwenden. Nicht das Selbst soll durch das Wunder transformiert werden, sondern das Selbst will *das Wunder transformieren.* Die Richtung soll umgekehrt werden.

§87 Der Ausgangspunkt der Untersuchung war das wundersame Paradoxon der angestrebten Selbstlüge – der, der lügt, belügt sich selbst, nicht nur einen anderen Teil seines Selbst. Das wirft die Frage danach auf, wieso so ein paradoxer Versuch überhaupt glaubwürdig sein könnte. Diese kann so gestellt werden: Wo taucht in der Welt ursprünglich das Wunder, in welchem auch das Paradoxe aufgefangen werden kann, auf? Die Antwort hierauf: Das Wunder taucht ursprünglich in der Unvorhersehbarkeit des Sprechens auf – in der Unvorhersehbarkeit der *neuen* Worte, die mit Hilfe des Alphabets gebildet werden können. Dieses Wunder zeichnet sich dadurch aus, dass es einen selbst von außen transformiert. Hier ist das Wunder als Realität zugänglich. Wie ermöglicht dieses Wunder den Versuch der Selbstlüge? Das real erlebte Wunder macht das Wunder der Selbstlüge glaubwürdig. Wenn das Selbst von außen durch ein vertrautes Wunder transformiert werden kann (und diese Transformation, die auch klein sein kann, sogar alltäglich geschieht), dann kann – so die Hoffnung des Selbstlügenden – vielleicht auch die Richtung umgedreht werden: Nicht das Selbst vertraut auf die Wirkung des Wunders, sondern das Wunder wird als Kontrollinstrument eingespannt, um eine gewünschte Wirkung, eine gewünschte Transformation der Identität herzustellen.

Als ein Beispiel für die Transformation durch das Angesprochenwerden kann die Wandlung Abrams zu Abraham gefasst werden. »ER sprach zu Abram: Geh vor dich hin aus deinem Land, aus deiner Verwandtschaft, aus dem Haus deines Vaters in das Land, das ich dich sehen lassen werde [...] Werde ein Segen.« (Gen 12,1-2) Durch das Angesprochenwerden erhält Abram einen unvorhergesehen, unvorhersehbaren Auftrag, der seine Identität transformiert, die sich dann auch in der Transformation seines Namens niederschlägt. »Nicht werde fortan Abram dein Name gerufen, sondern dein Name sei Abraham, denn zum Ab-Hamon Gojim – zum Vater eines Getümmels von Stämmen gebe ich dich.« (Gen 17,5) Es handelt sich dabei nicht einfach um ein passives Empfangen einer neuen Identität, sondern um das Bilden dieser in Reaktion auf die Ansprache. »Gott prüfte Abraham und sprach zu ihm: Abraham! Er sprach: Da bin ich.« (Gen 22,1) Abraham wird von Gott mit dem Auftrag konfrontiert, seinen geliebten Sohn Jizchak zu opfern. Gleichzeitig ist Abraham mit der Ansprache seines Sohnes konfrontiert, der sich fragt, warum Feuer und Hölzer zur Darhöhung vorhanden sind, jedoch kein Lamm. »Jizchak sprach zu Abraham seinem Vater, er sprach: Vater! Er sprach: Da bin ich, mein Sohn.« (Gen 22,7) Das *Da bin ich* (hineni) kann hier als Öffnung, als Bereitschaft durch das Wunder des Angesprochenwerdens transformiert zu werden, gefasst werden. Die Fragestellung, wie Abraham sich verantwortungsvoll zwischen den gegenläufigen Ansprachen Gottes und Jizchaks positionieren kann, wie Gottes letztendliche Verhinderung des Opfers zu verstehen ist, ist an dieser Stelle noch nicht relevant. Relevant ist das Beispiel hier zunächst in dem begrenzten Sinne, dass es klarmachen soll, wie eine Transformation durch das Wunder der Sprache – durch ein unvorhergesehenes, vielleicht unvorhersehbares Angesprochenwerden – konkret gefasst werden könnte. Das Beispiel ist nicht darauf angewiesen, dass der biblische Bericht authentisch ist. Es genügt, dass die grundsätzliche Dynamik, in der sich Abraham befindet, erkannt wird. Das Beispiel ist, wie hier verwendet, so intendiert, dass es auch auf Situationen angewendet werden kann, in denen nicht Gott unter den Sprechenden ist.

Als weiteres Beispiel für das Phänomen der Transformation kann ein Bericht dienen, in dem geschildert wird, wie die Komponisten Sofia Gubaidulina als Fünfjährige »Schurka, dem Dummkopf« begegnete, der ihrem Leben eine neue Richtung gab, die sie als rettend empfunden hat. »Einige Häuser weiter wohnte ein Jugendlicher – er mag damals 17 oder 18 Jahre alt gewesen sein – den die Kinder respektlos ›Schurka Durak‹, Schurka den Dummkopf nennen. Er ist etwas zurückgeblieben und arbeitet nicht, aber er spielt Akkordeon und sein Spiel ist schwungvoll und talentiert. […] Zunächst hatte [Sofia Gubaidulina] verzaubert den Klängen des Instruments gelauscht und dann zu Schurkas Musik zu tanzen begonnen: ›…das war eine ganz unbewusste Improvisation, die mir ich weiß nicht wer eingegeben hat…‹, und schließlich folgte sie ihm überall hin.« (Kurtz: *Sofia Gubaidulina: Eine Biografie;* S. 36). Der Begriff »Wunder« soll hier darauf verweisen, dass die Transformation unberechenbar von außen kommt, dass in diesem begrenzten Erscheinungsort etwas unendlich Neuartiges auftauchen kann, das diesen Ort sprengt und überschreitet, dass man genau dadurch, dass der Andere einen verändert, man selbst wird. Dass in ihr Leben eine Musik hereinbricht, die *so* auf sie wirkt, war, wenn man dem Bericht folgt, für Sofia Gubaidulina nicht erwartbar. Generell scheinen sich im Bereich des menschlichen Sprechens und der Kunst Felder aufzutun, in denen das genuin Überraschende Raum hat. Während es bei den für Menschen sichtbaren Farben keine wesentlichen Überraschungen geben kann, während die Farbpalette gleich bleibt, kann ein Kunstwerk, aus den üblichen Farben »zusammengesetzt«, überraschend sein. Es kann so erlebt werden, als würde es etwas vollständig Neues sagen, etwas, das in keiner Weise zuvor angedeutet wurde. Es ist möglich über Jahre hinweg auf dasselbe Kunstwerk zu schauen, das in seiner Form eigentlich

gleich bleibt, und dennoch immer wieder, so ist jedenfalls das Erlebnis, etwas Ungeahntes sagt und so immer wieder neu auf einen wirkt, einen mit einem Leben erfüllt, das man nicht einfach aus sich selbst schöpfen könnte. Im Gegensatz zur antizipierbaren Neuheit des Fortschritts, der fortschreitenden Entwicklung, zeigt sich hier eine, die tiefer ist als jede Neuheit *innerhalb* einer Fortschrittsbahn oder Expansionsbewegung, die sich (teleo-)logisch aus dem Ausgangspunkt zum Ziel entwickelt. Man kann sich vorstellen, dass es leistungsstärkere Maschinen gibt, dass es stabilere Bauwerke gibt, dass größere Abstände überwunden werden, aber man kann sich nicht vorher vorstellen, dass es *das* geben kann, was dieses Kunstwerk, dieser Mensch vielleicht einmal sagen wird. Buber, so scheint es, drückt eine ähnliche Dynamik aus, wenn er schreibt, »dass der Mensch aus dem Moment der höchsten Begegnung nicht als der gleiche hervorgeht, als der er in ihn eingetreten ist. Der Moment der Begegnung ist nicht ein ›Erlebnis‹, das sich in der empfänglichen Seele erregt und selig rundet: es geschieht da etwas am Menschen. Das ist zuweilen wie ein Anhauch, zuweilen wie ein Ringkampf, gleichviel: es geschieht. Der Mensch, der aus dem Wesensakt der reinen Beziehung tritt, hat in seinem Wesen ein Mehr, ein Hinzugewachsenes, von dem er zuvor nicht wusste und dessen Ursprung er nicht rechtmäßig zu bezeichnen vermag. [...] Die Wirklichkeit ist, dass wir empfangen, was wir zuvor nicht hatten, und es so empfangen, dass wir wissen: es ist uns gegeben geworden.« (Buber: *Ich und Du;* §60, S. 103).
Diese Möglichkeit der Transformation scheint nun in der Selbstlüge aufgegriffen zu werden. Diese Transformation zeigt, dass es Ereignisse geben kann, die in gewissem Sinne das Selbst verändern, die sogar als rettend angenommen werden. Diese Ereignisse werden jedoch von Anderen, von außen angestoßen und müssen von einem selbst getragen werden, indem man ihnen antwortet. In der Selbstlüge soll diese Dynamik in gewisser Weise umgekehrt werden: Man selbst entwickelt, für sich selbst, ein neues Bild des Selbst, entwickelt die Kontur des zu erlügenden Selbst und hofft, dass dieses Bild nun kontrolliert das eigene Selbst umgestaltet wie eigentlich vielleicht nur die nicht kontrollierbare Ansprache von außen das Selbst umgestalten kann.

§88 Ähnlich der Frage nach der Möglichkeit der Glaubwürdigkeit der angestrebten Selbstlüge: Wie kommt der Selbstlügende auf die Idee, dass sein Projekt der Selbstlüge überhaupt vertretbar ist? Wieso hält er es für moralisch zulässig? Hält er es nicht vielleicht sogar für moralisch geboten? Wo begegnet uns ein absoluter moralischer Wert? Aus dem Anblick des Menschen, vor dem man verantwortlich ist, spricht eine moralische Pflicht. Wenn man sich selbst anblickt, dann tut sich die Verantwortung vor dem eigenen Selbst auf. Wieso hält der Selbstlügende die Selbstlüge also für legitim? Er nimmt seinen Ausgangspunkt bei der echten Verantwortung, die er sich selbst gegenüber trägt, aber schaut weg von der Verantwortung den Anderen gegenüber – oder hat er sich schlichtweg jenseits von Gut und Böse gestellt?

§89 Wenn das Selbst transformiert werden kann durch das Wunder der Sprache, was hat es dann mit dem Subjekt, dem Menschen, dem Ich auf sich? Das Selbst kann sich verändern – *dein* Selbst kann sich also verändern. Dein Ich, könnte man sagen, hält sich durch die verschiedenen Selbste durch. Dein Selbst verändert sich durch das Angesprochenwerden. Bild für die Wirklichkeit: Ein Baum, an dem verschiedene Eier hängen. Wie Ostereier sind sie am Ende geöffnet und Nebel kann in sie ein- und austreten. Das Selbst ist der Nebel, der einzieht. Das Ich ist das Ei, welches das Selbst aufnimmt. In dem Ei, welches den Nebel aufgenommen hat, verwandelt sich der Nebel (wegen der spezifischen, eigenen Atmosphäre in diesem Ei). Das heißt: In dem Ich »reift« das Selbst, ein bestimmtes Selbst, heran – warum auch immer. Der Nebel steigt wieder aus dem Ei aus, dieser neue Nebel kann von einem anderen Ich aufgenommen werden. Das heißt: Der Mensch, der durch das Angesprochenwordensein verändert worden ist, spricht wieder Andere an und verändert diese wiederum – warum auch immer. Bezogen auf die obigen Beispiele wäre also das aufnahmefähige Ei das, was sich durch die verschiedenen Selbste von Abraham (Abram, Abraham) bzw. Gubaidulina (vor und nach der Ausrichtung auf die Musik) durchhält. Das Selbst ist durch Ansprache von außen hineingekommen, wie der Nebel von außen ins Ei fließt, aber nicht auf diese Ansprache reduzierbar, da es sich im unvertretbaren Ich, das antwortet, das vielleicht auf eine Weise antwortet, wie es niemand sonst könnte, entwickelt. Durch die Ansprache verwandelt können sie weitersprechen und auch Andere ansprechen, die wiederum ihr Sprechen als transformierendes Wunder auffassen können.

§90 Wenn die Selbstlüge der Versuch ist, sich der Unvorhersehbarkeit des Wunders der Sprache zu entziehen, dann wäre es in dem Bild so, als würde das Ei, das wie ein Osterei geöffnet ist, sich schließen. Warum aber wäre dieses Verschließen ein *moralisches Vergehen?* Was daran ist *böse?* Das Verschließen wäre die Unterbrechung des Spiels – das Spiel wäre in diesem Bild gut, die Unterbrechung böse: Warum, ist nicht klar.

§91 Welcher Aspekt der Wirklichkeit drückt sich bildlich darin aus, dass es sich um *einen* Baum handelt? – Die Eier hängen wie Ostereier an einem Baum, sie sind nicht mit dem Baum identisch und sie sind, würde man vermuten, nicht aus dem Baum gewachsen. Sie sind gewissermaßen eigenständige Seiende. Aber diese Eigenständigen hängen wirklich an etwas Geteiltem, werden nur durch dieses Allgemeine ermöglicht, obwohl sie gewissermaßen mit ihm brechen. Die Einzigartigkeit eines Musikstücks fußt auf dem Allgemeinen der Töne. Die Einzigartigkeit eines körperlichen Tiers auf dem Allgemeinen der Organe. Die Einzigartigkeit des Wortes »Wort« fußt auf dem Allgemeinen des Alphabets.

§92 Warum erscheint das Selbst als Nebel? Das Selbst ist das, was durch das Angesprochenwerden entsteht – es ist im Rahmen eines sprachlichen Aktes. Die Sprache hat laut der obigen Untersuchung in der Aussage die Struktur »So ist es-Ist es so?« Diese mangelnde Festigkeit bzw. relative Flüchtigkeit der Aussage drückt sich im Bild des Nebels aus.

§93 Warum erscheint das Unmoralische als Verschließen? Moral ist kein Gegenstand: Nicht der Baum, nicht die Eier, nicht der Nebel, nicht der leere Möglichkeitsraum zwischen ihnen machen die Moral aus. Die Moral ist kein Seiendes unter Seienden. Es ist das Urteil von oberhalb, dass das Nichtverschließen besser wäre.

§94 Wer blickt von oberhalb? Wenn das Ich die Schale ist, die das Selbst aufnimmt und für es als Brutkasten fungiert, ist es dann aber auch das Ich, das von oberhalb blickt und moralisch blickt? Zerreißt der moralische Blick die Perspektive des Ichs? Ist das Subjekt des moralischen Blicks gerade *niemand?*

§95 Diese Fragen können durch das Bild nicht sinnvoll beantwortet werden, welches nur illustrieren kann, was unmittelbarer durch die Untersuchung der Selbstlüge herausgefunden werden kann. Wenn das Bild irritierend und verwirrend wird, verliert es seine Funktion. Das vorläufige Ergebnis scheint in etwa zu sein: Der Mensch, der sich selbst belügt, *kennt das Wunder der Transformation durch das Angesprochenwerden von außen*. Der Mensch, der sich selbst belügt, *kennt die Verantwortung für den Menschen, der ihm entgegentritt*. Der Mensch, der sich selbst belügt, *kennt die Möglichkeit, sich auf sich selbst zu beziehen und dafür für sich selbst zum Anderen zu werden, vor dem er verantwortlich ist.* Der Mensch, der sich selbst belügt, *kennt die Herausforderung der Unübersichtlichkeit, des Chaos, der offenen Zukunft, welche bestehende Fakten in immer neuem Licht erscheinen lassen kann.* Der Mensch, der sich selbst belügt, warum auch immer, trifft nun die Entscheidung, *sich nicht von dem echten Anderen in einem offenen, unvorhersehbaren Austausch transformieren zu lassen, sondern kontrolliert, selbstbestimmt sein eigenes Selbst zu formen.*

§96 Wenn *das* das Ergebnis ist, dann ist aber die Dimension der Lüge in gewisser Weise verloren gegangen bzw. schlechter sichtbar geworden. Warum sollte es eine Lüge sein, das Selbst kontrolliert zu verändern? Bestenfalls wäre es eine Lüge, das eigene Selbst als Pseudo-Anderen zu setzen, obwohl es kein echter Anderer ist. Andrerseits: Wenn man sich zum Objekt macht, dann ist man nun mal für sich selbst *Objekt*. Oder kann man sich niemals wahrlich zum Objekt machen?

§97 Nicht die Kontrolle an sich ist also, so scheint es nun, das eigentliche Schlechte der Selbstlüge – es geht nicht so sehr um den Gegensatz zwischen Kontrolle und Vertrauen –, sondern die Kontrolle *durch die Lüge*.

§98 Das korrigierte vorläufige Erlebnis müsste dann in etwa weiter so heißen: Der Mensch, der sich selbst belügt, trifft nun die Entscheidung, *sich nicht von dem echten Anderen in einem offenen, unvorhersehbaren Austausch transformieren zu lassen, sondern durch Lügen kontrolliert, selbstbestimmt sein eigenes Selbst zu formen.*

§99 Die Motivation zur Selbst-Lüge wäre dann die Angst vor einem nicht kontrollierbaren, vielleicht feindseligen Außen. Dieses soll durch ein kontrollierbares Außen ersetzt werden. Daher objektiviert sich der Selbstlügende in gewisser Weise selbst und postuliert sein erwünschtes Selbst, darin lügt er, als objektive Außenwelt, die alles seinen Wünschen gemäß formen soll, also auch sein Leben als Subjekt diesen Wünschen gemäß formen soll. Wenn die Berichte stimmen, dann belügen sich Abraham und Sofia Gubaidulina gerade nicht – sie begegnen wirklich dem unerwarteten Anderen, auf den sie antworten, der sie transformiert. Der Selbstlügende will so tun als gäbe es einen äußeren Anderen, obwohl da in Wahrheit keiner ist, der dann transformierend auf sein Selbst einwirkt. Dieser erhoffte äußere Andere ist dabei kein unvorhersehbar Auftauchender, der das eigene gegenwärtige

Verständnis in ungeahnter Weise in Frage stellt, sondern die Projektion bestimmter eigens gehegter Wünsche. Laut den Berichten haben Abraham und Gubaidulina die Ansprache im Ganzen affirmiert. Abraham affirmiert seinen Bund mit Gott, Gubaidulina affirmiert ihre Rolle als Komponistin. Man kann sich aber auch eine Ansprache vorstellen, die, wenn man sich auf sie einlässt, einen vernichtet. (Hätte Abraham überleben können, wenn Gott z.B. wirklich von ihm gefordert hätte, Jizchak zu opfern? Oder hätte ihn diese Tat zerstört?) Aus Angst vor Ansprachen in etwa dieser Art, so könnte es sein, geschieht eine Flucht in die Selbstlüge. Wahrhaftigkeit – im Gegensatz zur (Selbst-)Lügenhaftigkeit – würde dann beruhen auf einem »naiven« Vertrauen in die schlussendliche Güte des Äußeren, oder, wenn dieses Vertrauen verloren gegangen ist, auf der Bereitschaft, sich auf den Tod einzulassen. Oder kann es ein nicht-naives Vertrauen ohne Todesangst geben?

§100 Die Dunkelheit nimmt zu und es wird schwerer, die Gegenstände voneinander zu unterscheiden. Es dämmert und es wird für den schieren Blick immer unklarer, wo der eigene Körper aufhört und wo ein anderer anfängt. Überhaupt fließen die Schatten ineinander, überlagern sich und in der völligen Dunkelheit ist dann alles eins. Die Hoffnung des Selbstlügenden: Es gibt nur den Schein und wenn er dann im Zwielicht nicht mehr identifiziert werden kann, dann ist er frei, alles zu behaupten.

§101 Die umgebenden Menschen als Nest schwacher Vogelküken, die ununterbrochen tschilpen und mit Lügen genährt werden wollen. Dilemma: Wenn du sie mit Lügen nährst, dann ermordest du sie. Wenn du ihnen Wahrheit gibst, versperren sie den Schnabel und sie verhungern vielleicht – du ermordest sie somit vielleicht. Aufschub der Entscheidung ist nur Aufschub des eventuellen Mordes. Alptraum einer Existenz, in der man nicht nicht morden kann.

§102 Ein Mensch tritt in dein Sichtfeld: Gebot, ihm Raum zu geben. Der Mensch ist im Sichtfeld und fordert dich auf, in seine Selbstlüge mit einzusteigen: Gebot, die Wahrheit zu verteidigen. Zunächst ein Dilemma. Kann ihm nur dann entgangen werden, wenn es möglich ist, den Menschen im Sichtfeld zu adressieren, insoweit dieser noch eine irgendwie geartete Verbindung zum Wahrheitsanspruch hat?

14. Identifizierbarkeit der Selbstlüge

14. IDENTIFIZIERBARKEIT DER SELBSTLÜGE

§103 Woher weißt du aber, dass der Mensch in deinem Sichtfeld in der Lüge verfangen ist, nicht du selbst? Wenn die Selbstlüge eine gezielte Aktion ist, die aktiv ausgeführt wird, dann wäre sie eigentlich nur möglich, wissend, dass man sie gerade ausführt. Die Selbstlüge wäre dann ein nie gelingender Versuch und man wüsste notwendig immer schon, dass man sich gerade zu belügen sucht. Das relevante Wissen wäre also immer schon da. Es wird nur konstant der Versuch unternommen, es zu verdecken. Aber das Tun des Verdeckens müsste unverdeckt sein.

§104 Die Lüge als Umdeutung der Wirklichkeit ist auch mit einer gewissen Spannung verbunden. Sie erfordert Arbeit. Die Realität, die z.B. wie ein E aussieht, muss zum F gebogen werden. Muss hier nicht prinzipiell eine bestimmte innere, die Selbstlüge verratende, Mischung aus der Unmöglichkeit, die Realität zu ertragen und dem Versuch, sie umzustellen, sowie dem Scheitern des Umstellungsversuches zugänglich sein? Eine Selbstlüge ist ja nicht einfach eine gewagte Interpretation der Realität, sondern die Affirmation von etwas, das man eigentlich für unwahr hält, das gerade nicht eine in sich schlüssige Deutung der eigenen Situation ist.

§105 In diesem Kontext kann man auch das Phänomen verstehen, wenn manche Menschen immer wieder als vermeintliche Selbstverständlichkeit oder Erfahrungstatsache ausrufen: »Wenn man etwas nur oft genug wiederholt, dann glaubt man es auch!« Es gibt Evidenz, dass dieses so nicht wahr ist. Zeichen des Wunschdenkens, könnte man sagen, ist die Impotenz des Wunschdenkens. Der einfache Wunsch, zum Beispiel von einem Kunstwerk, einem bestimmten Charakter, einem bestimmten Leben angesprochen zu werden, läuft ins Leere. Es passiert dadurch nichts. Im scharfen Kontrast dazu: Einem Kunstwerk, einem Charakter, einem Leben begegnen und in einer für einen selbst völlig unvorhergesehenen Weise ergriffen und transformiert zu werden. (Nichts an den Berichten legt nahe, dass Abraham und Gubaidulina, wenn bei ihnen der Wunsch nach der Identität als von Gott erwählter bzw. als großer Komponistin der Primat gewesen wäre, die Transformation gelungen wäre.) Dass eine derartige Transformation kein Wunschdenken, kein Hineininterpretieren in das an sich Bedeutungslose war, zeigt sich an der völligen Überraschung, an der Unmöglichkeit, dass man selbst die Wirkung hätte hervorsehen können. (*»Interpretierst du das-und-das nicht einfach in den Text* *hinein?« – »Nein, denn vor dem Lesen des Textes hatte ich den Gedanken nie. Ich bin nicht Autor des Gedankens. Durch den Text ist er zwar* mir *gekommen, aber die Quelle des Gedankens übersteigt das, was ich ›ich‹ nennen würde.«)* Während es nun also möglich ist, dass Menschen schlicht durch das beständige Wiederholen eines Gedankens irgendwann aufgeben und sich – innerlich abgewendet – dem Wahnsinn fügen, oder es möglich ist, dass sie dem Gedanken prinzipiell schon zugeneigt sind und erst nach vielen externen Anstößen dazu kommen, ihn auch selbst zu affirmieren, so ist es doch nicht möglich durch *schlichtes* Wiederholen eines Gedankens diesen glaubwürdig zu machen. Wichtig ist die *Zukunftsausrichtung* des Satzes. Der Satz behauptet: Du glaubst Aussage *xy* vielleicht noch nicht, aber wenn sie nur oft genug wiederholt wird, dann *wirst du sie glauben.* Dieses ist die Hoffnung des Selbstlügenden, der seine Selbstlügen noch nicht glaubt, da sie unglaublich sind, aber sich auf eine strahlende Zukunft hin orientiert.

§106 Namensschilder, Wohnungen, überhaupt Orte, können einen unbestimmten Grusel, auslösen. Der Name soll sagen, wer jemand oder etwas ist. Die Wohnung tritt auf als Raum, in dem Leben gedeihen kann. Der Ort sieht aus, als würde er Leben ermöglichen. In der lügenhaften Existenz verkehrt es sich. Die Wohnung der Lügenden ist kein Ort, der Leben ermöglicht, sondern eine als Wohnung maskierte Falle. (Die Lüge erstickt das Leben, insoweit sie verhindert, dass das, worüber gelogen wird, in der Öffentlichkeit leben kann, wie es ist.) Das seltsame Gefühl, wenn man einem Haus gegenübersteht, ob es ein echtes Haus oder eine Attrappe ist: Das seltsame Gefühl steigert sich durch die Anwesenheit von Gärten – von bis zu einem gewissen Grad eigenständig wachsenden Pflanzen. Selbst die »Natur« scheint mit hineingenommen in die Lüge der Lügenden. Selbst das Blatt eines Baumes, selbst ein Grashalm löst Grusel aus, wenn es unter einem bestimmten Namensschild, hinter einem bestimmten Zaun, vor einer bestimmten Wohnungstür erscheint. Die Natur erscheint hier als amoralische Größe, die in das Wahre und in das Lügenhafte eingespannt werden kann. Anders ausgedrückt: Wenn es also eine amoralische Natur gibt, die für das Lügen und für das Sprechen der Wahrheit verwendet werden kann, gibt es einen weiteren Hinweis, wieso das (Selbst-)lügen so »leicht« ist. Der Mensch muss in vielen Fällen gar nicht falsche Fakten behaupten, er muss nicht gegen die Gegebenheiten der *Natur* kämpfen, sondern diesen Fakten, dieser Natur nur eine falsche Bedeutung beilegen. (»Ja, Du verspürst Schmerz. Aber dieser Schmerz signalisiert keine Verletzung. Er ist ein Phantomschmerz. Du musst ihn nur kurz oder länger aushalten – dann geht er weg.«) Die Lüge findet statt auf der Ebene des *Namensschildes, der Gestalt der Wohnung, des so sprachlich bestimmten Ortes*. Die Lüge behauptet in diesem Fall nicht so sehr falsche Tatsachen, sondern schreibt diesen echten Tatsachen einen *falschen Sinn* zu. Die Lüge ist *Missbrauch* – sie gründet in der Realität, um, so scheint es, gegen sie Gewalt anzuwenden. Aber was genau ist Missbrauch?

15. Quellen der Selbstlüge

15. QUELLEN DER SELBSTLÜGE

§107 Möglicher Fall der Selbstlüge: Aufgrund einer als erniedrigend erlebten Ohnmachtserfahrung entwickelt ein Mensch das Begehren »blinde« Macht über andere Menschen auszuüben. Blinde Macht wäre solche, die das Verhalten von Menschen durch schiere Gewalt, *brute force*, kontrolliert; nicht Macht, die Menschen z.B. durch das Einsichtigmachen von Wahrheiten beeinflusst. Darin könnte schon die erste Selbstlüge bestehen: Die Selbstlüge, dass das Bedürfnis nach blinder Macht ein echtes Bedürfnis ist und nicht ein Ablenkungsversuch von der traumatischen Ohnmachtserfahrung, auf andere Menschen angewiesen zu sein, die einem genuin wohlwollend, aber auch genuin zerstörerisch gegenübertreten können. Mögliche zweite Dimension: Der Mensch behauptet, dass jeder Mensch, aufgrund der Natur des Menschen, kein anderes Ziel hat als Macht auszuüben, im Daseinskampf nicht unterworfen zu werden. Zur vorherigen Selbstlüge kommt nun noch die Selbstlüge hinzu, dass die eigene Entscheidung, auf blinde Macht zu setzen, als Reaktion auf die Ohnmachtserfahrung, keine Entscheidung, sondern lediglich Realisierung der menschlichen Natur ist. Menschen, die sich explizit als nicht blinde Macht begehrend verhalten, müssen als Betrüger aufgefasst werden, die hinter ihrer freundlichen Oberfläche, die nur Manipulation sein kann, einen noch abgründigeren, noch grausameren Machtwillen verbergen. Die Situation wäre dann – übertragen auf eine körperliche Verletzung – in gewisser Weise analog zu der skurrilen Situation, dass ein Mensch sich z.B. ein Bein bricht, als Antwort auf diese Verletzung seine Beine amputiert und behauptet, dass dieses die wahre Natur des Menschen ist und dass jeder, der es leugnet, wiederum lügt. Dass der Selbstlügende seine Selbstlüge verteidigt, indem er anderen die Selbstlüge vorwirft, wirft wieder die Frage nach einem Kriterium auf, wie man sich sicher sein kann, inwieweit man nicht selbst in der Selbstlüge verfangen ist. Die vorläufige Antwort lautete: Die Selbstlüge besteht in einer aktiven Umgestaltung der wahrhaft als so-und-so erlebten Situation und dem Versuch der Flucht in eine zukünftige Perspektive, in welcher diese Wahrheit verdrängt werden kann. Wenn das stimmt, dann wäre die Selbstlüge erkennbar, sobald man aufmerksam das eigene Verhalten zur Welt vernimmt: Der eigene Versuch sich selbst zu belügen müsste offen zu Tage liegen, sobald man die Aufmerksamkeit auf sich richtet.

§108 Wieder taucht die Frage auf: Wie kann die Selbstlüge möglich sein? Wie kann man als Mensch überhaupt dazu kommen, die Selbstlüge zu wollen?

Wie kann es möglich sein als Wesen, das nur insofern es sich der Welt öffnet eine Realität haben kann, diese wieder verdecken zu wollen? Vielleicht ein Hinweis auf einen ermöglichenden Faktor: Ein Kind ist notwendig auf seine Eltern ausgerichtet, die als Verbindungsstück zur weiteren Außenwelt fungieren und denen es, sofern es auf sie angewiesen ist, zunächst vertrauen muss. Das Vertrauen geht auf die Wahrhaftigkeit der Eltern. Nun behaupten die Eltern aber kaum zu glaubende oder sogar evident falsche »Wahrheiten«. Es kommt zu einem Riss. In der frühen notwendig vertrauensseligen Haltung des Kindes ist es nicht fassbar, dass das eigene Verständnis der Weltwahrheiten unauflösbar dem Verständnis der erwachsenen, dadurch kognitiv und machtmäßig überlegenen, Autoritäten widerspricht. Es ist für es nicht schlüssig zu denken, dass die eigene Wahrnehmung falsch ist; es ist auch nicht schlüssig zu denken, dass die Autoritäten, auf deren Gnade es angewiesen ist, falsch liegen; es kommt zu einer Spaltung oder zur Drohung einer Spaltung. Diese Spaltung kann nun von der Selbstlüge ausgenutzt werden: Die behauptete Wahrheit der erwachsenen Autorität ist gleichzeitig nicht schlüssig anzweifelbar und auch nicht schlüssig glaubhaft. Es gibt aber die Hoffnung des Sprungs in die überlegene Perspektive, in der das jetzt Unglaubliche dann glaubhaft wird. So ist der Inhalt der Selbstlüge unglaublich, aber es gibt die Hoffnung auf den Sprung, der die Lüge glaubhaft macht (analog zum Sprung in die Erwachsenenperspektive, welchen sich das Kind vielleicht erhofft.)

§109 Spontan auftretendes Bild, welches spielerisch mit der Frage nach der Selbstlüge in Verbindung gesetzt werden könnte. Wieder geht es nicht um das Bild an sich, sondern darum, ob durch das Bild Gedanken angeregt werden, die sich unabhängig vom Bild erhärten oder widerlegen lassen:
Szene 1 (Verfolgung): Zwei Jungen nicht ganz klaren Alters, etwa zwischen 9 und 12, befinden sich vor einem ovalen Portal, welches sie nicht beachten. Der Ältere verfolgt wütend den Jüngeren und will ihm Gewalt antun. Der Ältere wäre gar nicht in der Lage den Jüngeren zu erreichen, da aus dem Portal ein Ast herauswächst, der, als Sperre fungierend, den Älteren zurückdrücken würde. Der verfolgte Jüngere könnte durch das Portal gehen. Da er nicht weiß, dass der Ältere ihn nicht erreichen könnte, springt er aus Angst hinab in einen Abgrund.
Szene 2 (Befragung): Frage an den älteren Jungen: »*Warum verfolgst du ihn?*« Antwort: »*Er hat meine Seele geklaut*«. Frage: »*Was willst du mit ihm machen?*« Antwort: »*Ihn verprügeln und dann Äste in seinen Körper stecken. Zum Beispiel einen Ast in seinen Magen, damit er für mich einen Garten zeugt. Aus den*

Nährstoffen in seinem Bauch soll mein *Garten wachsen. Mein Baum soll aus seinem Bauch wachsen. Das ist gerecht, hahaha.«* Frage: »*Wie hat er deine Seele geklaut?«* --- Der Junge antwortet nicht, aber es gibt einen Szenenwechsel.
Szene 3 (Blumenwiese): Eine friedliche Blumenwiese. Fast windstill. Warm. Die Blumen haben kräftige Farben. Auf der Blumenwiese ist ein drei-jähriges Mädchen. (Dieses Mädchen ist identisch mit dem verfolgenden Jungen aus den vorherigen Szenen.) Etwas abseits von ihr steht ein Junge. (Dieser Junge ist identisch mit dem verfolgten Jungen aus den vorherigen Szenen.) Das Mädchen zieht ihr Kleid hoch und da, wo ihr Bauch wäre ist ein großes, schwarzes klaffendes Loch. Schwarzer Dampf steigt aus dem Loch auf. An seinen Rändern ist schwarzes, verbranntes Fleisch. Wütendes Kreischen umgibt das schwarze Fleisch und den Dampf: Forderung, dass weggeguckt wird. Rasende Empörung. Ende des Bildes.
Die dritte Szene ist aufgetaucht nachdem der Junge die Antwort darauf verwehrt hat, wie ihm die Seele geklaut wurde. Man könnte das Bild so deuten, dass das dreijährige Mädchen, als Reaktion auf die Verletzung, die auf der Wiese sichtbar geworden ist, sich in einen Jungen verwandelt hat. Warum aber hat dieser Junge, der abseits in der Ferne halb präsent war, dadurch *ihre/seine* Seele geklaut? Mögliche Deutung: Das Mädchen hat aufgrund der Verletzung beschlossen ein Junge zu sein. Der zufällig Mitanwesende kennt ihn aber noch als Mädchen. Er kennt sein Geheimnis, seine Vergangenheit: Ein Mädchen, das anstelle eines Bauches eine schwarze Leere aufweist. Durch Wissen um dieses Geheimnis bedroht der Mitanwesende das neue Leben. Insofern die Seele z.B. als Lebenskraft verstanden wird, kann dem Mitanwesenden somit Diebstahl der Seele (= Diebstahl des möglichen, neugelingenden Lebens) vorgeworfen werden. Für diesen Diebstahl soll er büßen. Die ihm zugewiesene Strafe geht aber darüber hinaus, ihn für sein Wissen zu bestrafen. Dadurch, dass der mitanwesende Junge getötet wird, und mit der Nahrung seines Bauches, ein Garten gepflanzt wird, soll das Fehlen des Bauches des Mädchens kompensiert werden.

§110 Anwendung des Bildes auf die Selbstlüge. Simone Weil schreibt in ihr Notizheft: »*Die Lüge ist die Flucht des menschlichen Denkens vor einem grundsätzlichen, unauflösbaren Widerspruch.« (Aufzeichnungen 1;* Heft 4, S. 296). Das Mädchen aus dem Bild gerät in einen Widerspruch, da sie (a) davon ausgeht, dass sie ein wertvolles, vollständiges Wesen ist, das aufgrund ihres Wertes geschützt wird, und (b) eine evidente Leere und Verletzbarkeit das Zentrum ihres Körpers bildet. Da der Widerspruch unerträglich ist, versucht sie selbstlügenhaft eine neue Identität als Junge, der immer schon einer war, zu etablieren. Drückt dieses Bild also etwas Allgemeines aus? Folgt die Selbstlüge prinzipiell dieser Struktur? Geht es immer darum, eine unerträgliche, als entwürdigend erlebte Verletzung zu verbergen, die Mitwissenden zu eliminieren und so eine neue Zukunft zu kreieren?

§111 Simone Weil: »Der Einklang zwischen mehreren Menschen schließt ein Gefühl der Wirklichkeit ein. Er schließt auch ein Gefühl der Pflicht mit ein. Die Abweichung erscheint im Verhältnis zu diesem Einklang als Sünde.« *(Aufzeichnungen 1;* Heft 4, S. 307). Wenn dieses eine korrekte Beobachtung ist, dann schließt der Einklang zwischen mehreren Menschen ein *Gefühl* der Wirklichkeit und ein *Gefühl* der Pflicht ein. Gefühle sind relevant und gehen in die Urteilsbildung ein, sie sind aber keine hinreichenden Belege. Genau das perpetuiert die Selbstlüge weiter, wenn eine Gemeinschaft eine Selbstlüge vertritt: Das Gefühl der Wirklichkeit und das Gefühl der Pflicht fordern dazu, die Selbstlüge zu festigen und jene, die nicht an ihr teilnehmen, zu bestrafen. Gleichzeitig ist das Gefühl der Wirklichkeit und das Gefühl der Pflicht *»nur« ein Gefühl*. Gefühle können falsch sein, und solange man in der Selbstlüge begriffen ist, weiß man, sonst würde man sich ja nicht aktiv belügen, sogar, dass sie falsch sind. Sie bieten aber einen Punkt, auf den man sich konzentrieren kann, um den Versuch der sich vollendenden Selbstlüge immer wieder aufs Neue zu wiederholen. In diesem Kontext könnte auch der immer wieder auftretende Bezug auf ein mysteriöses »Müssen« in bestimmten Gesprächssituationen erklärt werden. »Man *muss* das ja auch mal so sehen«, »Ja, aber man *muss* ja«, ... Nun mag es so sein, dass es Pflichten gibt, die auf allerlei Weise erläutert werden könnten. Warum sollte es sie nicht geben? Erstaunlich ist aber der Bezug auf ein frei schwebendes, nicht weiter erklärtes *Müssen*. Es ist nachvollziehbar, wenn eine Pflicht postuliert wird, die dann erläutert wird über die Figur des kategorischen Imperatives, oder über eine Begründung im göttlichen oder natürlichen Recht. Man kann dann weiter darüber nachdenken, wie diese Fundierung zu verstehen ist, was für oder gegen sie spricht, usw. Erstaunlich ist der Verweis auf das *Man muss xy*, wenn gleichzeitig die Klärung dieses Müssens verwehrt wird. Wenn aber Simone Weil richtig damit liegt, dass der Einklang verschiedener Menschen ein Gefühl der Pflicht hervorruft, dann kann die Behauptung des Müssens daraus erklärt werden. Es ist der Versuch, das Gefühl der Wahrheit, was sich durch Einklang in der Gemeinschaft ergibt, von der Rückbindung an die Wahrheit zu trennen. Es ist der Versuch, dem menschlichen Leben eine neue Struktur zu geben, in der es von der Wahrheit unabhängig ist. Dieses ist aktuell unvorstellbar, aber die Selbstlüge ist eine Flucht in eine Zukunft, die vom gegenwärtigen Zustand immer unglaublich scheinen muss.

§112 In der Geschichte vom Turmbau zu Babel spricht ER: »Da, einerlei Volk ist es und eine Mundart in allen, und nur der Beginn dies ihres Tuns – nichts wäre nunmehr ihnen zu steil, was alles sie zu tun sich ersännen. Heran! fahren wir nieder und vermengen wir dort ihre Mundart, dass sie nicht mehr vernehmen ein Mann den Mund des Genossen.« (Gen 11,6-7) Dies lässt sich so deuten, dass die Menschen, die unabhängig von Gott, Gott verleugnend, eine Wirklichkeit konstruieren möchten, *prinzipiell durchaus erfolgreich sein könnten.* Der Misserfolg geschieht nicht notwendig, nicht aus strukturellen Gründen, die rein logisch den Erfolg unterminieren, so wie man sich wegen der notwendigen Struktur der Wirklichkeit nicht am eigenen Schopf aus dem Sumpf ziehen kann, sondern weil Gott aktiv eingreift und den Erfolg, der sonst eintreten würde, vereitelt. Kann hier ein Hinweis darauf liegen, wo ein wahrer Kern in der Suche nach der Transformation der Wirklichkeit durch Selbstlüge liegen könnte? Gibt es einen bestimmten Sinn, in dem die Selbstlüge tatsächlich Wahrheit werden könnte?
Wenden wir die Struktur der Geschichte auf das Kunstwerk *Rhythm 0* von Marina Abramović an. Die Anweisungen für das Kunstwerk lauteten:

> »Instructions.
> There are 72 objects on the table that one can use on me as desired.
> Performance.
> I am the object. During this period I take full responsibility.
>
> 1974
> Duration: 6 hours (8pm–2am.)
> Studio Morra, Naples«
>
> (Biesenbach: *Marina Abramovic: The Artist is Present,* S. 74).

Der Verlauf des Kunstwerks wird von McEvilley beschrieben:

> »It began tamely. Someone turned her around. Someone thrust her arms into the air. Someone touched her somewhat intimately.

> The Neapolitan night began to heat up. In the third hour all her clothes were cut from her with razor blades. In the fourth hour the same blades began to explore her skin. Her throat was slashed so someone could suck her blood. Various minor sexual assaults were carried out on her body. She was so committed to the piece that she would not have resisted rape or murder. Faced with her abdication of will, with its implied collapse of human psychology, a protective group began to define itself in the audience. When a loaded gun was thrust to Marina's head and her own finger was being worked around the trigger, a fight broke out between the audience factions.« (McEvilley: *Marina Abramović/Ulay, Ulay/Marina Abramović;* S. 52).

Abramović selbst äußerte sich folgendermaßen:

> »What I learned was that… if you leave it up to the audience, they can kill you… I felt really violated: they cut up my clothes, stuck rose thorns in my stomach, one person aimed the gun at my head, and another took it away. It created an aggressive atmosphere. After exactly 6 hours, as planned, I stood up and started walking toward the audience. Everyone ran away, to escape an actual confrontation.« (zit. nach Museum of Contemporary Art Metelkova: *Marina Abramović*)

Die Besucher der Performance, die in der Lage waren, mit Abramović umzugehen, als sie sich als *Objekt* verhalten hat, sind, könnte man sagen, geflohen, als sie ihre »Seinsweise« verändert hat und ihnen als Subjekt gegenübergetreten ist. Die Anweisung »I am the object« ist in gewissem Sinne immer schon fastlügenhaft gewesen. Es war ein Tun *als-ob* sie ein Objekt wäre. Die Anweisung »I take full responsibility« ist ebenfalls fast lügenhaft, da klar ist, dass die anderen Menschen durch diese Aussage ihre Verantwortlichkeit nicht eigentlich verlieren. Die Anweisungen sind deshalb nicht eigentlich lügenhaft, sondern nur fast lügenhaft, da sie als Teil einer Performance, eines in besonderer Weise abgesteckten Bereiches der Realität vorkommen. Nun greifen aber die Besucher diese Lüge auf und agieren, als ob Abramović tatsächlich ein Objekt wäre – ein Objekt zudem, was nicht nur völlig verantwortlich ist für all das, was ihm zugefügt wird, sondern die Verantwortung *übernimmt.* Falls es gar nicht möglich ist, gleichermaßen Objekt (passiv) zu sein *und* Verantwortung zu übernehmen (aktiv), zeigt sich auch schon hier, dass die Rahmenbedingungen der Performance nicht in Einklang mit der eigentlichen Wirklichkeit gebracht werden können. Dennoch könnte man sich vorstellen, dass die Lügen sich in eine Wahrheit hätten verwandeln können. Diese Verwandlung wäre durch das Töten geschehen, womit nicht das Töten des Körpers gemeint ist. Wenn der Subjektcharakter von Abramović durch die Performance getötet worden wäre, wenn die Performance sie so gebrochen hätte, dass sich ihre Subjektivität zurückgezogen hätte und sie auf das Objektsein zusammengeschrumpft wäre, dann wäre die vormalige Lüge durch diesen Mord vielleicht zur Wahrheit geworden? In einer reichen Realität wäre lügenhaft eine arme Realität behauptet worden. Aber in dem Behaupten der lügenhaften Realität hätte sie sich wirklich derartig verkleinert. In diesem Sinne wäre die erlogene kleine Realität zur echten Realität geworden. Ist so etwas möglich?

§113 Es gibt das Gefühl einer abgrundtiefen Hässlichkeit der Welt. Der Grund dieses Gefühls ist aber positiv. Man ist einer Schönheit gewahr, die in der Welt so nicht vorkommt, die aber unabweisbar ist. Die Welt könnte gar nicht in dieser Weise defizitär und hässlich scheinen, wenn nicht der Maßstab zugänglich wäre, an dem sie scheitert. Ohne diesen Vergleich wäre die Welt nicht gleichermaßen hässlich. Es ist nicht das Aussehen der Welt an sich, welches sie hässlich macht. Es ist das Bewusstsein, dass einer bestimmten Schönheit kein Raum gegeben wird. Erst durch diese Ablehnung der höheren Schönheit erscheint die Welt dann vergleichsweise hässlich. Die Schönheit, die in der Welt keinen Platz findet, ruft, so sagt das Gefühl, nach einer Transformation der Welt. Die Welt muss so umgestaltet werden, dass das ungreifbare Gute, welches man ganz eindeutig schmeckt, in sie eingehen kann. Dieses kann als moralisches Gefühl verstanden werden. Emanzipatorische, politische Bewegungen, die z.B. neue Kategorien in die Rechtsordnung einführen, die vorher unberücksichtigte Aspekte der Realität explizit und damit zugänglich machen, könnten hier als Beispiel dienen. Lässt sich die Selbstlüge als in sich verdrehte Negativvariante dieses moralischen, welttransformierenden Impulses verstehen?

§114 Warum aber sollte die Selbstlüge, inklusive des Mörderischen der Selbstlüge, welche die Möglichkeit des wahren Auftauchens der Anderen tötet, auf einem moralischen Impuls, auf einer moralischen Idee beruhen? Hinweis: Es ist auffällig, dass unethisches Verhalten implizit mit einem moralischen Vokabular bzw. explizit als moralisches Verhalten begründet wird. Ein Racheakt, der ein wahrgenommenes Unrecht ausgleichen soll. Die Idee, dass es ungerecht ist, in einer ungerechten Welt des Fressens und des Gefressenwerdens sich den Gewalttätern einfach zu opfern, dass es also dann doch gerechter ist, gleichermaßen grausam in den grausamen Daseinskampf einzusteigen. Die Idee, dass Wesen sich ausdrücken können sollten, dass es ungerecht ist, wenn ein Wesen sein Selbst unterdrücken muss; dass es ungerecht ist, wenn es in seinem gewaltsamen Sein negiert wird, dass es daher wiederum auch gerecht ist, wenn es – gegen diese ungerechte Unterdrückung aufbegehrend – seine gewalttätigen Impulse auslebt. Was ist daran gerecht, dass die Zahmen im Himmel sind, aber der Gewalttäter behindert wird und in der Hölle der frustrierten Bedürfnisse lebt? Er hat sich nicht einmal selbst als Gewalttäter erschaffen, sein Wesen ist ihm gegeben – ist diese Zuteilung nicht vollkommen ungerecht, wenn die Gewalt nicht ausgelebt werden darf? Das Abgründige des Unmoralischen wäre dann nicht das *Fehlen* der Moral, sondern, dass der moralische Impuls der Sorge um die Gerechtigkeit in das Negative, in eine dämonische Antimoral verkehrt wird. Die moralischen Begründungen des unmoralischen Verhaltens wären dann nicht einfach nach außen gerichtete Manipulations- und Verschleierungsversuche, sondern wahrhafter Ausdruck des in sich verkehrten moralischen Anspruchs der Handelnden.

§115 Die Motivation der Selbstlüge wäre dann eine moralische Motivation, die sich in sich verkehrt hat und gewissermaßen zur Antimoral geworden ist. Was ist aber das *Selbst?* Wer belügt sich überhaupt? Wenn man Keiji Nishitanis Hinweisen folgt, kann man zwei Seiten unterscheiden. Zum einen gibt es die greifbare Seite. Die Realität – und mein Selbst als Teil ihrer – kann vom Standpunkt der Naturwissenschaften, der Mathematik, der Sozialwissenschaften, der Psychologie, des Alltagsverständnisses oder auch der Philosophie positiv bestimmt, beschrieben und auch in Gesetzmäßigkeiten eingeordnet werden, wobei »zwischen diesen Interpretationen durchaus Diskrepanzen und sogar Widersprüche« bestehen (Nishitani: *Was ist Religion?* S. 47), sodass hierbei nicht einfach von einer Freilegung einer Realität »›außerhalb‹ von uns« gesprochen werden kann (ebd.: S. 45). Auf der anderen Seite gibt es das, was jeder derartigen Bestimmung entweicht. »In jedem Menschen ist ein Feld absoluter Formlosigkeit erschlossen, wo er nicht bestimmbar ist als ›menschliches Wesen‹ oder irgendein anderes ›Was‹.« (ebd., S. 208). Diese absolute Formlosigkeit, die sich nicht in das Greifbare einordnen lässt, die auch die kreative Umgestaltung des Greifbaren möglich macht, aus der heraus sich der Mensch laut Nishitani offenbart, ermöglicht wohl den Versuch der Selbstlüge. Der Selbstlügner hofft, dass das Feld der Formlosigkeit jede gewünschte Umgestaltung des greifbaren Selbst erlaubt. Er vernimmt korrekt eine Offenheit oder Grenzenlosigkeit, die das schon Bestimmte, schon Festgelegte überschreitet. Laut Nishitanis buddhistischer Perspektive ist aber das Feld der Formlosigkeit, gerade wegen dieser Formlosigkeit, auch das der Offenheit und eins, in welchem die Anderen wirken. Die Dinge lassen sich hier gegenseitig sein, sind in wechselseitiger Durchdringung, einander Herr und Knecht (vgl. ebd., S. 238). Wenn das Selbst des Selbstlügners so verstanden wird, dann kann die Selbstlüge nicht wie intendiert gelingen, da sein Selbst, gerade durch die ihm inhärente Form- und Grenzenlosigkeit, nicht einfach mit sich selbst identisch ist, sondern von den Anderen durchdrungen und sein gelassen wird. Bereits wegen dieser Symmetrie kann er diese nicht einfach als untergeordnete Instrumente für *sein* Selbstlügeprojekt einspannen.

Auch in der Tora findet sich die Bejahung, dass der Andere, welcher die Selbstlüge unterminiert, nicht umgangen werden kann, wobei es nun der asymmetrisch über einem stehende göttliche Andere ist. Wenn man die Schöpfungsgeschichte so versteht, »dass Gott die Welt in ihrer Gesamtheit, nämlich alles Seiende außer Gott, aus dem völligen Nichts ins Dasein gerufen hat« (Mose ben Maimon: *Führer der Unschlüssigen;* Buch 2, Dreizehntes Kapitel [S. 89]), wenn man sie als freie Schöpfung versteht, in welcher der Mensch frei erschaffen wurde als »Bild« bzw. »Gleichnis« Gottes (Gen 1,26), dann ist der Mensch nicht schlicht Ausdruck eines vorgegebenen Wesens, sondern kommt auch aus einer Unbestimmtheit, die genuine Kreativität erlaubt. Da ER asymmetrisch über der Schöpfung steht, als Schöpfer in diese hineinragt, gibt es eine Grenze der Kreativität, welche die Selbstlüge vereitelt. Die Hoffnung des Selbstlügenden, dass er allein ist, dass er eine Spitze des Seins erreichen kann, von der aus er allein das ganze Sein nach seinen Wünschen umgestalten kann, stellt sich jedenfalls sowohl aus Nishitanis buddhistischer als auch aus skizzierter biblischer Perspektive als falsch heraus. Es ist wahr, dass man eigenständig ist, dass man nicht auf etwas Allgemeines und Feststehendes reduziert werden kann. Aber im Selbst, es durchdringend, wartet immer schon der Andere – sei es der andere Mensch auf Augenhöhe, oder sei es ER über einem. Die Selbstlüge ist gewissermaßen die Lüge, dass der Andere nicht existiert.

Nun ist aber nicht der Rückgriff auf ein religiöses Vokabular notwendig, um das Scheitern der Selbstlüge durch die Präsenz des Anderen zu beschreiben. Unabhängig davon, ob man den obigen Perspektiven affirmierend, agnostisch oder ablehnend gegenübersteht, kann man die Bewegung der Verhinderung der Selbstlüge durch den Anderen auch ganz »säkular« beschreiben. Gehen wir zurück zum obigen Beispiel der Reaktion auf Marina Abramovićs Performance. Dort ist der Gedanke aufgetaucht, dass es vielleicht einen minimalen Sieg der Selbstlüge geben kann, wenn eine Gemeinschaft sich so organisiert, als wäre eine Lüge wahr – in diesem Fall, als wäre Abramović ein zu gebrauchendes Objekt. Dieser Zug wäre geknüpft an eine bestimmte Auffassung des Wahrheitsbegriffs. »Wahrheit« wäre hier das, was von Allen praktisch anerkannt wird. Kann es nun nicht eine erfolgreiche Verschwörung geben, eine bestimmte Wahrheit zu vernichten? Können sich nicht einfach genügend Selbstlügende zusammenschließen und eine Gemeinschaft bilden, in welcher weder der Andere auf Augenhöhe noch der Andere über einem, stört, da es nur die Anderen gibt, welche auch die Selbstlüge wollen oder solche, die in einem gewissen Sinne bereits tot sind, da sie durch ihr Unterworfensein gelähmt und bewegungslos sind? Simone Weil beschreibt diese Vorstufe des Todes im Leben. »Die Gewalt macht jeden, der sie erleidet, zum Ding. Wird sie bis zur letzten Konsequenz ausgeübt, macht sie den Menschen zum Ding im wortwörtlichsten Sinne, sie macht ihn zum Leichnam. Da war jemand, und mit einem Mal ist da niemand« (Weil: *Die Ilias oder das Poem der Gewalt*, S. 161). An diese äußerste Form schließt sich eine an, die bereits möglich ist, wenn man eigentlich noch lebt. »Aus der Macht, einen Menschen zum Ding zu machen, geht eine andere, noch viel erstaunlichere Gewalt hervor, die, einen Menschen bei lebendigem Leibe zum Ding zu machen. Er lebt, hat eine Seele, ist aber ein Ding.« (ebd., S. 162). Konfrontiert mit der unausweichbaren Gewalt eines Gewalttäters, verliert der Mensch jede Hoffnung auf Selbstbewegung, Eigeninitiative und erstarrt zum Ding. Können die Selbstlügenden nicht einfach alle, die in die Selbstlüge nicht aktiv einstiegen, derartig zum Ding machen? Ist das unmöglich?

Die Selbstlüge kann auch hier, scheint es, obwohl im Rahmen des Versuchs ihrer Realisierung in der Tat Grausamkeiten aller Art verwirklicht werden, nie an das gewünschte Ziel kommen, dass die Lüge eigentlich glaubhaft wird. Es genügt die minimale Spontaneität des Denkens, die minimale Möglichkeit, eine Situation in Frage zu stellen, die minimale Möglichkeit, eine Praxis zu überdenken. In der Selbstlüge wird ein bestimmtes Bild als gewiss behauptet. Dem Denken ist aber die Struktur »So ist es. Ist es so?« inhärent, so dass jede als gewiss behauptete Wirklichkeit in Frage steht. Die Frage ruft nach Neubewertung, weiterer Befragung des in Frage stehenden Bereichs und weicht somit inhärent die angestrebte Starrheit der Selbstlüge auf. Wenn es so ist, dann können die Menschen einer Gemeinschaft, die, wie im obigen Beispiel, beschließen, »Wahrheit« nur als das zu verstehen, was sie in ihrer gemeinsamen Praxis anerkennen, nie einfach bei diesem Beschluss verharren. Es taucht, schlicht wegen der Struktur des Denkens, früher oder später notwendig die Frage auf: *»Ist Wahrheit wirklich nur das, was wir gemeinsam in der Praxis als Wahrheit anerkennen?«* Diese Frage kann vom konkreten anderen Menschen, der einem gegenübersteht, explizit formuliert oder implizit angesprochen werden. Man kann sie aber auch sich selbst stellen. Platon charakterisiert das Denken als »das innere Gespräch der Seele mit sich selbst« *(Der Sophist;* 263e) und nähert damit das eigene Denken dem Sprechen mit Anderen an. Bezogen auf das obige Beispiel kann man das so verstehen: Im einen Moment affirmiert der Selbstlügende »Wahrheit ist genau das, was wir in der Praxis anerkennen. So ist es.«, ist dabei sich als einer zu konstituieren, der in dieser Position aufgeht. Gleich darauf bricht aber das Andere des »Aber ist es so?« durch, was diese versuchte Konstitution wieder aufreißt.

§116 Das Selbst hat also eine greifbare, bestimmbare, gestalthafte, manifeste Seite – mein Körper ist ausmessbar, meine Gedanken können verbalisiert und eingeordnet werden, usw. Das Selbst hat auch eine formlose Seite – es gibt eine Art der Freiheit und Unabhängigkeit, welche über das bestimmbare Gegebene hinausgeht und es auf unvorhersehbare, spontane, kreative Weise umformen kann. Das Selbst hat eine Seite, in der es unvertretbar einzig ist – ich bin nicht der Andere, meine Handlungen sind meine Handlungen, meine Verantwortung ist meine. Das Selbst hat eine Seite, in der es von den Anderen durchdrungen wird: Ich habe mich nicht selber erschaffen, die Anderen konstituieren meine Möglichkeiten, ich bin mir selbst anders, die Anderen stellen mich in so einer Weise in Frage, dass ich, einmal auf diese Weise in Frage gestellt, mich irgendwie mit dieser Frage auseinandersetzen muss.

16. Fazit

16. FAZIT

§117 Fazit. Die Untersuchung wurde veranlasst durch die Frage, wie die Selbstlüge möglich sein kann, wenn eine gewöhnliche Lüge, in welcher der A den B belügt, es erfordert, dass A die Wahrheit kennt bzw. zu kennen meint, und der unwissende B darüber getäuscht wird. Wenn der A den A belügt, dann ist unklar, wie er gleichzeitig der souveräne Lügende und der ausgelieferte Belogene sein kann. Es hat sich nun erhärtet, dass die eigentliche Selbstlüge immer nur eine *intendierte, erwünschte, erhoffte, verzweifelt angestrebte* ist. Die realisierte, eigentliche Selbstlüge, in welcher der A den A belügt, ist also tatsächlich nicht möglich – so scheint es jedenfalls nach der Untersuchung. Das »Paradoxon« der Selbstlüge muss hier tatsächlich nicht aufgelöst werden, sondern zeigt an, dass die Selbstlüge eine vage, schemenhafte Hoffnung ist, die nie in der distinkten, ausdifferenzierten Wirklichkeit instanziiert werden kann. Gleichwohl ist die Idee der Selbstlüge für den Selbstlügenden *glaubwürdig*. Die Selbstlüge *scheint* realisierbar und sie scheint dem Selbstlügenden sogar, so meint dieser, zuzustehen. Warum scheint sie möglich? Mindestens vier Begünstigungen der Selbstlüge sind aufgetaucht.

Erstens gehört zum menschlichen Verstehen die Idee des Unendlichen. Die Erwägungen von Nicolai de Cusa, wie in der Unendlichkeit Linie, Dreieck und Kreis eins sind bzw. ineinander umschlagen, sind nur ein Beispiel dafür, dass sich mit der Idee der Unendlichkeit ein Rahmen auftut, in welchem gedacht oder wenigstens anvisiert werden kann, dass A auch nicht-A sein kann, und der A in den A′ oder den B umschlagen kann. Dieser Rahmen kann die Paradoxien der Selbstlüge glaubwürdig machen, da es eben ein Rahmen für Paradoxien überhaupt ist.

Zweitens gibt es die Erfahrung des Berührtwerdens im Sinne eines spontanen Umgestaltetwerdens »von außen«. Ein wenig ähnlich wie durch Nahrungs- oder Medikamentenaufnahme der Körper verändert werden kann, kann ein menschliches Wesen durch geistige Erlebnisse bis zu einem gewissen Grad transformiert werden. Nicht nur in der religiösen Bekehrung, auch durch die Konfrontation mit einem Kunstwerk, durch eine gewöhnliche menschliche Ansprache, durch das Vertrauen in einen als Autorität lehrenden Menschen, sei dieser Mensch nun formell eine Autorität mit objektiven bzw. allgemein anerkannten Würden oder auch nicht, können Menschen so verändert werden, dass das ganze Leben in einem neuen Licht erscheint, eine neue Orientierung vorgenommen wird und daher auch das eigene Selbst verändert erscheint bzw. ist. In der Selbstlüge wird der Versuch gemacht, diese Transformation, die in diesen paradigmatischen Fällen *von außen angestoßen wird, also von einer externen Wirklichkeit, die man nicht kontrollieren kann, da sie z.B. ein eigenständiger Mensch ist, über den man nicht verfügen kann,* kontrolliert und wie von innen durchzuführen – und zwar durch eine eigens konstruierte Selbstlüge, die dann an die Stelle des externen Anderen projiziert wird. Der Selbstlügende hofft, dass die Transformation des Selbst, die von außen wirklich angestoßen werden kann, auch von innen – durch eine Lüge, durch ein projiziertes, anderes, neues, eigenes Pseudo-Selbst – angestoßen werden kann.

Drittens wird die andauernde Hoffnung des Selbstlügenden – der seine Selbstlüge, da dies unmöglich ist, ja nie eigentlich realisiert – ermöglicht von einer Grundstruktur des menschlichen Verstehens. Das menschliche Verstehen geschieht gewissermaßen oszillierend und in diesem Oszillieren ist eine antidogmatische, Gewissheiten aufweichende Funktion enthalten. Das Verstehen geschieht nach dem Muster »So ist es. Aber ist es so?«. Insofern überhaupt die Weltdeutung immer wieder in Frage steht, steht auch die Gewissheit, dass die Wirklichkeit *eigentlich nicht* der Selbstlüge entspricht, in Frage. Dieses »Aber ist es so?« kann dann immer wieder als erneutes Sprungbrett, als erneute Öffnung, in der die Selbstlüge noch einmal versucht werden kann, genutzt werden. Gleichermaßen ist es aber auch die Struktur, welche inhärent jede potenzielle Selbstlüge wieder in Frage stellt und damit auch zum Scheitern dieser beiträgt.

Viertens gibt es ein moralisches Motiv, welches zum Vorschein kommt, insofern die Selbstlüge mit einem moralischen Vokabular verteidigt wird. Der Selbstlügende erlebt seine Wirklichkeit als unerträglich, als gewaltvolle Negierung seiner natürlichen Bedürfnisse, seines Potenzials und affirmiert gleichzeitig einen moralischen Imperativ, dass fühlende Wesen gedeihen können sollen, dass es gerecht ist, wenn ein Wesen gedeihen kann. Da diese moralische Forderung als absolut erlebt wird, da es als absolute Ungerechtigkeit erlebt wird, wenn das (eigene) Gedeihen schmerzhaft negiert wird, wird gefolgert, dass es irgendwie realisiert werden muss. Da das Gedeihen als absoluter Wert erlebt wird, kann es notfalls auch durch die Selbstlüge, so meint der Selbstlügende, realisiert werden. Da in die Selbstlüge jedoch auch der andere Mensch einbezogen wird und dieser zum Instrument herabgewürdigt wird, welches die eigene Selbstlüge stützen soll, also gerade nicht als jemand, der eigens gedeihen soll, betrachtet wird, wird hier der moralische Impuls, der die Selbstlüge auch antreibt, ins Gegenteil verkehrt und zur abgründigen

Verleugnung der Moral. Durch die wesentliche Verbundenheit des eigenen Selbst mit den anderen Menschen, die durch das eigene Verhalten berührt werden, ist die Selbstlüge nicht nur etwas, das man sich selbst antut, sondern eine gravierende Missachtung anderer Menschen, insofern deren Ziele missachtet werden und ein gravierender Missbrauch anderer Menschen, insofern diese aktiv in die eigene Selbstlüge, die sie unterstützen und festigen sollen, eingespannt werden. Insofern diesen Menschen das Leben, welches sie ohne die Lüge führen würden, abgerungen werden soll, ist es zwar kein körperlicher Mord aber in der Tat ein Versuch, sie geistig zu ermorden. Wenn es wirklich so ist, wie die Untersuchung nahegelegt hat, dass die Selbstlüge von der Erfahrung der Unerträglichkeit der Realität geprägt ist, lässt sich die Angst, sogar die Todesangst, als gewichtige Motivation der Selbstlüge anführen. Todesangst bezieht sich hier nicht nur auf die Angst vor dem körperlichen Tod, sondern auch auf die Angst vor einer körperlichen Existenz, in der man sich geistig vernichtet, also geistig getötet, fühlt. Insofern der Selbstlügende das eigene – von ihm selbst als akut bedroht erlebte – Leben aber als wertvoll erlebt, und sogar auf das moralische Gefühl, dass Wesen in ihrem Gedeihen unterstützt werden sollen, zurückgreifen kann, begibt er sich in den notwendig defizitären Versuch, die Wirklichkeit durch die Selbstlüge umzugestalten. Die existenzielle Lösung, die sich dadurch andeutet, besteht darin, den genuinen moralischen Impuls nicht nur auf sich selbst zu beschränken, wodurch er in etwas Unmoralisches verkehrt wird. Wenn es nun die Todesangst ist, die zur Selbstlüge drängt, dann gibt es mindestens zwei Weisen, um die Selbstlüge zu überwinden. Entweder man nimmt die Todesangst hin, akzeptiert sie als etwas, das ertragen werden muss oder man findet eine Weise, die Todesangst genuin zu überwinden, die nicht auf Lügen basiert.

LITERATUR/BILDQUELLEN

LITERATURVERZEICHNIS

- Ahmad, Mirza Masroor (Hg.): *Koran. Arabisch und Deutsch*. Verlag der Islam, Frankfurt am Main 2015
- Aristoteles: *Metaphysik*, Rowohlt Taschenbuch Verlag, Reinbek bei Hamburg 1994
- Attar, Farid ud-Din: *Die Konferenz der Vögel*. Marixverlag, Wiesbaden 2008
- Augustinus, Aurelius: *Bekenntnisse*. Reclam, Stuttgart 2008
- Belnap, Nuel D.: *A Useful Four-Valued Logic*. In: Dunn, J.M./Epstein, G. (Hg.): *Modern Uses of Multiple-Valued Logic. Episteme, vol. 2*, Springer, Dordrecht 1977
- Biesenbach, Klaus (Hg.): *Marina Abramovic: The Artist is Present*, exhibition catalogue, Museum of Modern Art, New York 2009
- Buber, Martin (Übers.): *Die Schrift. Aus dem Hebräischen verdeutscht von Martin Buber gemeinsam mit Franz Rosenzweig*. Deutsche Bibelgesellschaft, Stuttgart 1992
- Buber, Martin: *Ich und Du*. In: Ders.: *Schriften über das dialogische Prinzip*. Gütersloher Verlagshaus, Gütersloh 2019, S. 37-109
- Derrida, Jacques: *Gesetzeskraft: Der »mystische Grund der Autorität«*. Suhrkamp, Frankfurt am Main 1991
- Derrida, Jacques: *The Gift of Death*. The University of Chicago Press, Chicago/London 2008
- Derrida, Jacques/Vattimo, Gianni: *Die Religion*. Suhrkamp, Frankfurt am Main 2001
- Dunn, J. Michael: *Intuitive Semantics for First-Degree Entailment and »Coupled Trees*. In: *Philosophical Studies: An International Journal for Philosophy in the Analytic Tradition,* Vol. 29, No. 3, Mar., 1976, S. 149-168
- Homolka, Walter/Liss, Hanna/Liwak, Rüdiger (Hg.): *Die Schriften (hebräisch-deutsch) in der Übersetzung von Rabbiner Ludwig Philippson*. Verlag Herder, Freiburg im Breisgau 2018
- Kurtz, Michael: *Sofia Gubaidulina. Eine Biografie*. Verlag Urachhaus, Stuttgart 2001
- Lévinas, Emmanuel: *Totalität und Unendlichkeit. Versuch über die Exteriorität*. Verlag Karl Alber, Freiburg/München 1987
- McEvilley, Thomas: *Marina Abramović/Ulay, Ulay/Marina Abramović*. Artforum 22, 1 September 1983

- Mose ben Maimon: *Führer der Unschlüssigen*. Felix Meiner Verlag, Hamburg 1995
- Museum of Contemporary Art Metelkova: *Marina Abramović, Rhythm 0, 1974*. Online Ressource: https://www.mg-lj.si/en/exhibitions/1565/low-budget-utopias-artwork/
- Nicolai de Cusa: *De docta ignorantia. Die belehrte Unwissenheit. Buch I. Lateinisch – Deutsch*. Felix Meiner Verlag, Hamburg 1994
- Nishitani, Keiji: *Was ist Religion?* Insel Verlag, Frankfurt am Main 1986
- Platon: *Werke in acht Bänden. Griechisch und Deutsch. Erster Band: Ion, Hippias II, Protagoras, Laches, Charmides, Euthyphron, Lysis, Hippias I, Alkibiades I*. Wissenschaftliche Buchgesellschaft, Darmstadt 1977
- Platon: *Werke in acht Bänden. Griechisch und Deutsch. Zweiter Band: Des Sokrates Apologie, Kriton, Euthydemos, Menexenos, Gorgias, Menon*. Wissenschaftliche Buchgesellschaft, Darmstadt 1973
- Platon: *Werke in acht Bänden. Griechisch und Deutsch. Vierter Band: Der Staat*. Wissenschaftliche Buchgesellschaft, Darmstadt 1971
- Platon: *Werke in acht Bänden. Griechisch und Deutsch. Fünfter Band: Phaidros, Parmenides, Briefe*. Wissenschaftliche Buchgesellschaft, Darmstadt 1981
- Platon: *Werke in acht Bänden. Griechisch und Deutsch. Sechster Band: Theaitetos, Der Sophist, Der Staatsmann*. Wissenschaftliche Buchgesellschaft, Darmstadt 1970
- Thomas von Aquin: *Die deutsche Thomas-Ausgabe: Vollständige, ungekürzte deutsch-lateinische Ausgabe der Summa Theologica. 1 Band. Gottes Dasein und Wesen; I: 1-13*. Verlag Styria, Graz/Wien/Köln 1982
- Uhde, Bernhard (Hg.): *Der Koran. Vollständig und neu übersetzt von Ahmad Milad Karimi*. Verlag Herder, Freiburg im Breisgau 2008
- Weil, Simone: *Cahiers. Aufzeichnungen, Erster Band*. Carl Hanser Verlag, München/Wien 2017
- Weil, Simone: *Krieg und Gewalt. Essays und Aufzeichnungen*. Diaphanes, Zürich 2011
- Wittgenstein, Ludwig: *Werkausgabe Band 1: Tractatus logico-philosophicus, Tagebücher 1914-1916, Philosophische Untersuchungen*. Suhrkamp, Frankfurt am Main 2006
- Wittgenstein, Ludwig: *Werkausgabe Band 8: Bemerkungen über die Farben, Über Gewißheit, Zettel, Vermischte Bemerkungen*. Suhrkamp, Frankfurt am Main 1984

BILDQUELLENVERZEICHNIS

- Abbildung 1: Eigene Grafik erstellt in Anlehnung an Nicolai de Cusa: *De docta ignorantia. Die belehrte Unwissenheit. Buch I. Lateinisch – Deutsch.* Felix Meiner Verlag, Hamburg 1994, S. 49
- Abbildung 2: Penrose-Dreieck (gemeinfrei). Quelle: https://de.wikipedia.org/wiki/Penrose-Dreieck#/media/Datei:Penrose-dreieck.svg
- Abbildung 3: Subjekt/Objekt-Trennung. Eigene Grafik.
- Abbildung 4: Präsenz des Einen im Anderen. Eigene Grafik.